VIVIR LA VEJEZ

VIVIR LA VEJEZ

STUART PARK Y
PABLO MARTÍNEZ VILA

Índice

Invitación a la lectura

Miguel Ángel Prado Rodríguez

La génesis de una idea que se hizo proyecto y luego realidad, ahora en forma de libro que será de mucha bendición para el pueblo de Dios —mayores y jóvenes, iglesias locales y familias—, surgió del segundo encuentro de mayores en el Centro Cristiano Los Naranjos, Cazalla de la Sierra, Sevilla.

A veces las ideas o los proyectos se originan en un momento, en un instante, como un clic que enciende una luz y automáticamente se ve qué hacer y para qué. Pero no fue este el caso; sino que se fue gestando durante muchos años. En mis cuarenta años de ministerio he estado organizado muchos campamentos para niños, adolescentes —qué riesgo—, jóvenes —mayor riesgo aún—, matrimonios e iglesias, entre otros. Pero nunca estuve en uno específicamente para mayores. Y un sentir muchas veces inconsciente iba siendo como una gota y otra que llenaba un vaso; también, y mejor, como la estalactita que poco a poco va dejando caer los sedimentos desde lo alto y va formando la estalagmita que desde abajo va creciendo y culminando.

Así, durante años hemos sentido que los mayores en la iglesia están olvidados, con su experiencia de vivir la vida cristiana y las luchas, y con las derrotas y victorias que implica vivir a Cristo; que se les espera en los cultos para que estén presentes, pero poco más. Se preparan programas de jóvenes y actividades para niños, mujeres, varones y universitarios, pero no para mayores.

En «nuestra», bueno, es mejor decir, en la iglesia del Señor donde estuvimos en Sevilla, de la que formamos parte y estamos bajo cobertura en la nueva obra en Cazalla de la Sierra, comenzamos Julia y yo con otro matrimonio más joven una reunión para mayores un día a la semana por la mañana. Dos horas para compartir testimonios, aprender algunas manualidades, fortalecer habilidades como la memoria y la observación, y seguir aprendiendo de la buena Palabra de Dios. Nos vinimos a la Sierra Norte y el otro matrimonio siguió con la labor —es bueno que otros sigan, eso es cadena de transmisión—, pero llegó la pandemia y el confinamiento. ¡Cuántas secuelas ha dejado esto! No es lo mismo estar virtualmente que presencialmente y no debiéramos acostumbrarnos a las pantallas.

Pero vamos al grano: seguimos orando por los mayores, ya que nos duele mucho que estén como parte del decorado, pero no activos. En un paseo por plena naturaleza, la dehesa mediterránea de encinas, alcornoques, chaparros, olivos y castaños, con sus vacas, ovejas, cerdos ibéricos, águilas, buitres y ese inmenso coro de aves cantoras que dulcemente amenizan el paseo, sentados los dos sobre unas rocas —Julia y yo—, y orando al Dios de los cielos, surge la cuestión: ¿podemos hacer algo para bendición de los mayores?

Desde allí mismo llamé a Stuart Park y le comenté la inquietud, a ver qué decía él. Le sorprendió (no habíamos colaborado juntos antes) pero creo que fue más por la idea, pues nos dijo algo así: llevaba un tiempo pensando sobre esto mismo. Unos días después se concretó y la idea pasó a proyecto en marcha. Fecha, formato y tema: «Los días de nuestra peregrinación», en Los Naranjos, mayo de 2023, con Stuart Park. Un lleno y una lluvia de bendiciones. Inolvidable. Y en el año 2024, otro retiro y con un día más, «Aprendiendo a envejecer», con Stuart Park y Pablo Martínez Vila. Todo un lujo y con muchas bendiciones. Tuvimos que ampliar las plazas y se llenó de nuevo; desde Cataluña, Galicia, País Vasco, Madrid, Valencia, Aragón y Andalucía, disfrutamos de un tiempo de comunión y compañerismo que fue una gran bendición.

Una de esas bendiciones fue ver hermanos y hermanas que, con muchas limitaciones (sillas de ruedas, muletas y tratamientos), le echaron valor y coraje y estuvieron en el encuentro. Qué decir de la Palabra compartida, lágrimas de gozo y gratitud al Señor, reforzamiento de la confianza, retos para vivir a Cristo, guías bíblicas para seguir avanzando… Envejecer es muy bonito si se sabe encajar cada situación y aceptar las consecuencias de ello.

Fue tan bueno que se ha considerado ponerlo en forma de libro, algo que agradecemos enormemente a la editorial Andamio. Seguro que será de mucha bendición para todos: las iglesias locales con sus pastores al frente, las familias, los mayores y también los jóvenes, pues solo es cuestión de tiempo que lleguen a ser mayores. Los mayores aún tienen mucho para compartir, para servir. De ellos tenemos mucho que aprender y para eso hemos de estar con ellos y escucharlos, que den testimonio a los jóvenes y sean de ejemplo a los matrimonios y familias. ¿De dónde vamos a tomar modelo? ¿De esta sociedad materialista y de espaldas a Dios?

Tras este libro hay todo un proceso que, creemos firmemente, ha sido dirigido por el Señor Dios Todopoderoso. Espero que te sea de ayuda, bendición y despierte en ti, estés en el punto en el que estés, la inquietud y decisión de ver y escuchar a los mayores. Seguro de que, de las riquezas de gloria que Dios les ha dado, hay mucho para ti. Y a los mayores que leáis el libro, tomad aliento y venced las dificultades, pues muchas veces esas dificultades son oportunidades.

Aun en la vejez fructificarán; estarán vigorosos y verdes.
(Salmo 92:14)

Miguel Ángel Prado Rodríguez
Cazalla de la Sierra

Prefacio

Stuart Park y Pablo Martínez Vila

El presente texto es fruto de un retiro para hombres y mujeres «mayores de 60» celebrado en el mes de mayo de 2024 en Los Naranjos, una finca situada en la Sierra Norte de la provincia de Sevilla, un entorno bucólico frecuentado por la oropéndola y el ruiseñor, cuyo hermoso canto regala el oído desde la primera hora de la mañana hasta el atardecer.

Bajo el lema «Aprendiendo a envejecer» se compartieron los temas que aparecen a continuación, claramente diferenciados pero complementarios, como se verá. En primer lugar, tres exposiciones en torno a figuras emblemáticas de la historia bíblica: Jacob, David y Job, que aprendieron a reconocer la Providencia de Dios al final de sus azarosas vidas. En segundo lugar, dos conferencias de contenido práctico y devocional, cuya temática proporciona el título genérico del libro, *Vivir la vejez*.

Queremos aprovechar la ocasión para expresar nuestra gratitud a Miguel Ángel Prado, presidente del Fondo Histórico del evangelio en Sevilla, quien preparó la convocatoria y dirigió las reuniones con su habitual sensibilidad y sentido del humor, y que amablemente accedió a aportar un Prólogo a esta publicación. Felicitamos asimismo al equipo que nos sirvió con tanto cariño y esmero en un ambiente de fraternidad y comunión.

Agradecemos, por último, la oportunidad de conocer a muchos hombres y mujeres, veteranos de la fe, que nos han dado ejemplo en esta etapa, tan exigente como hermosa, de la peregrinación hacia la Casa del Padre, que es la meta final del viaje de la vida que nos ha regalado el Señor.

Tres modelos: Jacob, David y Job

Introducción

En una tarde calurosa del mes de julio en 1964, con mis dieciocho años recién cumplidos, busqué una casa en el número 113 de la calle Moragas y Barret en Terrassa para pasar unas semanas con el propósito de practicar mi limitado castellano antes de ir a la Universidad. Ocupé un apartamento propiedad de don Samuel Vila, célebre escritor y editor evangélico, sin poder adivinar que sesenta años después compartiría autoría de un libro con el médico-psiquiatra Pablo Martínez Vila, sobrino nieto de don Samuel, él mismo un destacado escritor y conferenciante internacional. Así se tejen los hilos que conforman el tapiz de nuestras vidas que, contempladas desde el otero privilegiado que proporciona la edad avanzada, permiten vislumbrar la mano providencial de Dios.

A lo largo de estos años he podido disfrutar de la amistad de Pablo, tanto por nuestras responsabilidades compartidas en los Grupos Bíblicos Unidos como en la Iglesia Evangélica Bautista de Gracia en la calle Verdi de Barcelona, fundada por el también destacado autor, teólogo y pastor don José María Martínez, padre de Pablo, en cuya despedida a los 92 años de edad tuve el privilegio de participar en Terrassa en 2016, la primera vez que había vuelto a aquella ciudad, una suerte de cierre de etapa tan característico de la experiencia de los tres personajes bíblicos que trataremos a continuación. La vida presenta estas simetrías que, sin buscarlas, añaden lustre a la mosaica de nuestro ser y estar en el mundo.

El tema de este libro, sucintamente resumido en la frase «Vivir la vejez», que Pablo trata con la delicadeza y profesionalidad que le caracterizan, encuentra eco en la vida de tres prohombres bíblicos, Jacob, David y Job, que sufrieron de manera ejemplar las «hondas y flechas del infortunio atroz» –en memorable expresión del Hamlet shakespeariano–, y experimentaron como pocos los sinsabores y contratiempos que forman parte del bagaje de cualquier ser humano en el mundo. Los escritores bíblicos, escuetos siempre en su narración, destacan el ánimo de ellos en las postrimerías de la vida, y su testimonio final ilumina con luz propia el sentido de su largo peregrinar. Jacob confesó al Faraón egipcio que «pocos y malos» habían sido los días de los años de su peregrinación; David, «viejo y avanzado en días», declaró que Dios había redimido su alma de toda angustia; y el paciente Job, tras caer en el abismo de la desesperación recibió al final de sus días la recompensa de su fe en el Redentor. A través de la experiencia espiritual de ellos vislumbramos, en sombra y figura, la pasión y muerte, vindicación y gloria de Cristo (ver 1 P. 1:10-12). El testimonio de los antiguos resulta fundamental, por tanto, para la consolidación de nuestra propia fe, y las lecciones que enseñan los personajes que pueblan el texto sagrado nos pueden hacer «sabios para la salvación que es en Cristo Jesús» (2 Ti. 3:15).

Hay quien piensa que el *diseño* que presenta la narración bíblica sugiere que se trata de una ficción, pero a nuestro juicio evidencia un *designio*, el misterio de la soberanía de Dios que no condiciona ni coacciona la voluntad humana sino la subsume en un propósito superior sin violentar la autonomía y la libertad del creyente y le libera para cumplir la voluntad de Dios.

«Toda la Escritura es inspirada por Dios» –escribió Pablo (2 Ti. 3:16)–, una afirmación que abarca no solo al contenido del mensaje divino sino también al texto que lo transmite. La voz griega θεόπνευστος significa «espirada por Dios», más que «inspirada», es decir, que procede de la boca de Dios, lo que concede el más alto valor a la Palabra de Dios (ver Mt. 4:4); y la expresión «toda la Escritura» (πᾶσα γραφὴ) indica que el propio texto de la Biblia, fruto del arte literario de sus autores humanos, resulta igualmente inspirado, incluso en su sentido secundario y habitual, no menos que las obras de Cervantes o Shakespeare, por ejemplo.

La extraordinaria pericia de los narradores y poetas bíblicos está fuera de toda duda. El premio Cervantes José Jiménez Lozano nos ha recordado que los hebreos inventaron el arte de contar historias, y ha evocado «la tensión existencial de las historias bíblicas y su soberbio lenguaje, el encanto o la grandeza a veces trágica de sus personajes»; y León Tolstói llamó el ciclo de José en Génesis «la historia más bella del mundo». Al hablar de la «inspiración de las Escrituras» por tanto, no debemos subestimar al arte literario de sus autores humanos. La Palabra de Dios no nos llega de manera directa sino por medio de hombres y mujeres que «hablaron siendo inspirados (φερόμενοι = llevados) por el Espíritu Santo» (2 P. 1:21). Dios ha confiado su Palabra a la Escritura, y se ha servido del crisol creativo de narradores y poetas, historiadores y cronistas para plasmar lo revelado a los profetas que «inquirieron y diligentemente indagaron acerca de esta salvación, escudriñando qué persona y qué tiempo indicaba el espíritu de Cristo que estaba en ellos, el cual anunciaba de antemano los sufrimientos de Cristo, y las glorias que vendrían tras ellos» (1 P. 1:10-11).

Toda la Escritura, por tanto, merece nuestro atento estudio y reverente consideración, y con esta confianza abordaremos la historia de Jacob en esta la primera de nuestras tres sesiones aquí en Los Naranjos, una historia narrada con brillantez que ocupa nada menos que un tercio de todo el libro de Génesis (casi la mitad si incluimos la historia de José, que forma parte de la de Jacob). Nuestra tarea no es fácil: la historia de Jacob resulta de una complejidad exigente que intentaremos desgranar escuetamente en el breve espacio del que disponemos.

Hemos aludido al hecho de que nuestras propias vidas parecen manifestar, a veces, una suerte de simetría y el paso de los años nos invita a interpretar los hechos de nuestro camino, con sus tropiezos y errores, sus aciertos y sus hitos significativos, a la luz de lo afirmado por el apóstol de que «todas las cosas ayudan a bien» (Ro. 8:28) desde el prisma de la fe. Así hemos querido interpretar la vida de Jacob, David y Job quienes, cada uno a su manera, nos conducen a Cristo. La revelación de Cristo constituye el propósito último de las Escrituras y esta, y no otra, es la finalidad de esta Primera Parte de nuestro libro.

Nota: he aprovechado el sucinto resumen de la vida de Jacob publicado en *The New Bible Dictionary* (1962) por el erudito A. R. Millard, recién fallecido, a quien tuve el privilegio de conocer en la Universidad. Creo que no le habría importado su mención aquí.

01

Jacob

Los años malos de Jacob
y la soberanía de Dios

Con la figura de Jacob comienza, propiamente dicha, la historia de Israel. Jacob significa «Suplantador», un nombre desarrollado a partir de la expresión «tomar por el talón», o «adelantar», ya que en el momento del parto su mano trabó el talón de su hermano Esaú, que nació primero. «El mayor servirá al menor» –había dicho el Señor– y las luchas que comenzaron incluso antes de nacer (Gn. 25:27-34) continuarían a lo largo de su vida.

Jacob obtuvo la primogenitura del hijo mayor aprovechándose del hambre de su hermano (25:29-34) y luego engañó a Isaac para que le diera la bendición que por costumbre correspondía al primogénito (Gn. 27:1-35), lo que desencadenó una serie de acontecimientos de extraordinaria dureza tanto para Jacob como para su familia. El primogénito heredaba normalmente el doble de la herencia paterna que cada uno de los demás hijos (cp.

Dt. 21:16). Además del legado especial, el heredero era señalado para una posición social y religiosa como cabeza de familia, simbolizado por el otorgamiento de la bendición paterna. De esta manera, Jacob se convirtió en portador de la promesa de Dios y heredero de Canaán. Esaú recibió la región menos fértil, que pasó a llamarse Edom. Rebeca, la madre, obtuvo el permiso de Isaac para que Jacob huyera de la ira de Esaú a su casa en Padan-aram (Gn. 28:1) empleando como excusa la necesidad de que Jacob se casara con un miembro del mismo clan y así evitar matrimonios mixtos como los que Esaú había contraído con la gente del lugar.

La huida de Jacob

El acontecimiento central de la vida de Jacob tuvo lugar durante su huida hacia el norte. Al cabo de un día de viaje, había llegado a la región montañosa cercana a Bet-el, a unas sesenta millas de Beerseba. No hay indicios de que Jacob conociera la zona, aunque es posible que supiera dónde estaba el altar de su abuelo Abraham (Gn. 12:8). Mientras dormía, tuvo la visión de una escalera entre el cielo y la tierra y del Dios de su familia de pie sobre ella. La promesa dada a Abraham le fue confirmada y recibió la promesa de protección divina. Jacob conmemoró su sueño colocando la piedra sobre la que había apoyado la cabeza y derramando sobre ella una libación de aceite (Gn. 28:11 ss.). Estos sencillos monumentos se erigían a menudo en lugares sagrados y este señalaba el lugar donde, para Jacob, había conocido a Dios.

A pesar de su huida, Jacob pagaría muy caro su enemistad con Esaú. Las ruedas de Dios muelen fino y a lo largo de su vida el engañador sería, en múltiples ocasiones, el engañado. La narración pasa de Bet-el al distrito de Harán. Como había hecho Eliezer cuando buscó esposa para Isaac (Gn. 24:11), Jacob llegó primero al pozo de las afueras de la ciudad. Allí fue recibido por su tío, Labán. Jacob aceptó trabajar para él para, al cabo de siete años, tomar a Raquel por esposa (Gn. 29:1 ss.). Labán alegó una costumbre local como pretexto para entregarle a Lea, su hija mayor, en lugar de Raquel. Jacob consintió en el engaño de Labán y se hizo un nuevo acuerdo que le permitía casarse con Raquel después de que se completara una semana, presumiblemente de celebraciones, junto con siete años más de servicio.

Once hijos y una hija le nacieron a Jacob en casa de Labán durante los veinte años que permaneció allí. Lea tuvo cuatro hijos, mientras que Raquel permaneció estéril. Raquel superó su disgusto parcialmente entregando a Jacob su criada Bilha y adoptando a sus dos hijos. Lea hizo lo mismo con su criada Zilpa, que también tuvo dos hijos. Al final de los catorce años de servicio por sus dos esposas, Jacob pidió que se le permitiera regresar a su hogar. Su gestión de los rebaños de Labán había tenido tanto éxito que Labán no estaba dispuesto a dejarle marchar (Gn. 30:25 ss.). Se llegó a un acuerdo por el que Jacob debía seguir trabajando para Labán a cambio de todas las bestias de los rebaños y manadas de Labán que fueran de color impuro. Labán, rompiendo de nuevo su acuerdo, retiró todos los animales que Jacob podía reclamar, pero este, siguiendo un consejo recibido en sueños, ingeniosamente convirtió el engaño de su suegro en su propio beneficio sin infringir el acuerdo. Su prosperidad despertó la envidia de los hijos de Labán, que pensaron que les estaba robando su legítima herencia (Gn. 31:1).

Una orden divina venció cualquier reticencia que Jacob pudiera haber tenido antes de abandonar Harán sin la aprobación de Labán. Raquel y Lea apoyaron su plan. Una salida de dos días mientras Labán se ocupaba con sus rebaños permitió a Jacob y a sus rebaños viajar hasta Galaad, en el norte, antes de ser alcanzado por Labán (Gn. 31:22 ss.). Siete días duró la persecución de Labán, que acusó a Jacob de deslealtad. Jacob a su vez recordó a Labán lo bien que le había servido, cumpliendo con todos los requisitos corrientes de un buen pastor, y lo mal que había sido recompensado. Se hizo un pacto, y Labán utilizó su posición de autoridad para dictar los términos: sus hijas no debían ser maltratadas, ni Jacob debía tomar otra esposa. Se erigió una columna para conmemorar el pacto y se construyó un mojón, que sirvieron como puntos de demarcación más allá de los cuales ninguna de las partes debía pasar. Cada una de las partes invocó a Dios para que fuera testigo y castigara a quien rompiera el pacto. Se hizo un sacrificio y los dos disfrutaron una comida en señal de buena voluntad (Gn. 31).

Jacob continuó su viaje hasta Mahanaim «El campamento de Dios», camino de su encuentro con su hermano, donde le salieron al encuentro ángeles de Dios (32:1 ss.). Jacob envió mensajeros para conocer la actitud de su hermano, que venía a su encuentro. Jacob tuvo cuidado de salvaguardar la mitad de sus posesiones y también envió un gran regalo a su hermano. Esaú se acercaba con cuatrocientos hombres. Jacob tuvo temor, y oró a Dios y dijo:

> Dios de mi padre Abraham, y Dios de mi padre Isaac, Jehová, que me dijiste: Vuélvete a tu tierra y a tu parentela, y yo te haré bien; menor soy que todas las misericordias y que toda la verdad que has usado para con tu

siervo; pues con mi cayado pasé este Jordán, y ahora estoy sobre dos campamentos. Líbrame ahora de la mano de mi hermano, de la mano de Esaú, porque le temo; no venga acaso y me hiera la madre con los hijos. Y tú has dicho: Yo te haré bien, y tu descendencia será como la arena del mar, que no se puede contar por la multitud. Y durmió allí aquella noche. (32:9-12)

Después de haber pedido la protección de Dios, y cuando se disponía a vadear el río Jaboc, se enzarzó en una lucha con un Desconocido que solo le venció dislocando el muslo de Jacob. Este incidente fue considerado como la vindicación de Jacob y se le dio un nuevo nombre, Israel, porque «has luchado con Dios y con los hombres, y has vencido» (Gn. 32:28). El saludo amistoso de Esaú no venció los recelos de Jacob, sin embargo, y se volvió a Sucot en lugar de seguir a su hermano.

De Sucot, Jacob subió a una ciudad en el territorio de Siquem y compró un terreno. La violación de Dina y la venganza tomada por sus hermanos hicieron que la zona se le volviera hostil (Gn. 34:1 ss.), y Dios le ordenó que fuera a Bet-el para adorar. Los diversos símbolos paganos traídos de Padan-aram fueron enterrados antes de que la familia pudiera proseguir. Como antes, Jacob erigió un pilar para conmemorar su comunión con Dios y derramó una libación. Hizo lo mismo para señalar la tumba de Raquel en Efrata (Gn. 35:1-20). Después de la muerte de su padre Isaac (Gn. 35:28-29) Jacob se estableció en la región de Hebrón y allí vivió como lo había hecho en Harán, pastoreando y cultivando. Cuando sobrevino el hambre fue invitado a Egipto por su hijo José (Gn. 46:1 ss.). Antes de su muerte adoptó a los dos hijos de José y les dio una bendición especial, prefiriendo al menor sobre el mayor, y José fue elegido para una doble porción (Gn. 47). Las bendiciones de los doce hijos se recogen en una composición poética de gran intensidad espiritual (Gn. 49). El autor de Hebreos recuerda esta escena en su breve retrato de Jacob: «Por la fe Jacob, al morir, bendijo a cada uno de los hijos de José, y adoró apoyado sobre el extremo de su bordón» (Heb. 11:21).

En el Nuevo Testamento Jacob figura en las genealogías (Mt. 1:2; Lc. 3:34), en la conjunción recurrente Abraham, Isaac y Jacob, y Jesús citó Éx. 3:6: «Yo soy el Dios de Abraham, el Dios de Isaac y el Dios de Jacob» en respuesta a una pregunta sobre la resurrección (Mt. 22:32; Mc. 12:26; Lc. 20:37); y la misma frase es citada en Hch. 7:32.

La escalera de Jacob

En Hebreos 11 Jacob figura como héroe de la fe, pero su azarosa vida fue caracterizada por las tretas y los engaños que protagonizó, y no debemos subestimar la pérdida que sufrió Esaú cuando Jacob le robó la bendición paterna. La historia es patética en extremo, y el lamento de Esaú tras conocer el fraude de su hermano retrata cumplidamente su decepción:

> Cuando Esaú oyó las palabras de su padre, clamó con una muy grande y muy amarga exclamación, y le dijo: Bendíceme también a mí, padre mío. Y él dijo: Vino tu hermano con engaño, y tomó tu bendición. Y Esaú respondió: Bien llamaron su nombre Jacob, pues ya me suplantado dos veces: se apoderó de mi primogenitura, y he aquí ahora ha tomado mi bendición. (Gn. 27:34-36)

Para el autor de Hebreos, Esaú era un hombre «profano» (Heb. 11:16-17), es decir, que anteponía lo material a lo espiritual y, si bien su comportamiento parece más noble que el de su hermano, el empeño de Jacob en superarle muestra el talante de un hombre que ambicionaba ser alguien para Dios. La venta de la primogenitura delató una debilidad en la voluntad de Esaú de la que Jacob se aprovechó, y aunque Jacob debió de pensar que así se «trepa» en la casa de Dios, en sueños aprendió una importante lección.

El simbolismo de la célebre visión de la escalera es claro: la vida de Jacob, a pesar de sus tretas y sus subterfugios, sus temores y sus sueños, pertenece al ámbito de la casa de Dios y está bajo el control providencial de Dios. La escalera representa la «puerta del cielo», el lugar del gobierno de Dios (ver Gn. 19:1; 22:17), y desde el cielo el Señor regía el destino de Jacob en la tierra. «No te dejaré hasta que haya hecho lo que te he dicho» —dijo la Voz divina— y al final de su vida Jacob vendría a reconocer la soberanía de Dios a lo largo de los años de su peregrinación (Gn. 47:9). La visión de Jacob fue interpretada más tarde por Jesús al inicio de su propio ministerio, en ocasión del llamamiento de Natanael: «Cuando Jesús vio a Nataniel que se le acercaba, dijo de él: He aquí un verdadero israelita, en quien no hay engaño» —un descendiente espiritual de Israel, podríamos decir, no de Jacob (Jn. 1:47)—; y añadió: «De aquí en adelante veréis el cielo abierto, y a los ángeles de Dios que suben y descienden sobre el Hijo del Hombre» (Jn. 1:51), en cumplimiento de la visión de Jacob.

La lucha con el ángel en Peniel

Tras su visión de la escalera en Bet-el, Jacob habría de pasar duras pruebas en las que, en efecto, el engañador sería el engañado. Su tío Labán le haría servir catorce años por su hermosa hija Raquel, «suplantada» en la noche de bodas por la poco agraciada Lea (Gn. 29:1-30). Una serie de tretas entre los dos granjeó la enemistad de Labán hacia Jacob (Gn. 30:25–31:16), que se vio obligado a ponerse en camino con todo lo que poseía para volverse a Isaac su padre en la tierra de Canaán. En su huida recibió la protección providencial de Dios, y se reconcilió con Labán en el camino (Gn. 31:17-55). Pero le esperaba una prueba mayor: tendría que encontrarse con su hermano Esaú, y para preparar el encuentro, envió presentes y un mensaje de reconciliación. Pero Jacob, primero, necesitaba encontrarse con Dios, y el luchador se levantó victorioso de aquel lugar, porque, paradójicamente, le había vencido Dios. La lucha con el ángel dejó una secuela física en Jacob, pero la huella espiritual fue mayor. Jacob era ahora Israel,

Habiendo visto a Dios cara a cara, estaba preparado para encontrarse con Esaú. La escena es hermosa, y da fe de la transformación del carácter de Jacob. «Y dijo Jacob: No, yo te ruego; si he hallado ahora gracia en tus ojos, acepta mi presente, porque he visto tu rostro, como si hubiera visto el rostro de Dios, pues que con tanto favor me has recibido» (Gn. 33:10).

La vejez de Jacob y la historia de José

En la vejez de Jacob se produjo el que sin duda fue el mayor trauma de cuantos había sufrido a lo largo de su azarosa vida, la desaparición de José, vendido para Egipto por sus hermanos, envidiosos por los favores que había recibido por parte de su padre, y a quien había dado por muerto. La historia de José descubre con gran sutileza las claves de la historia de Jacob.

La historia es de sobra conocida: el precoz José, hijo de Raquel y el preferido de Jacob, granjeó la enemistad de sus hermanos tanto por los favores recibidos (entre ellos la famosa «túnica de diversos colores» que le regaló su padre), como por su manifiesta superioridad espiritual (los sueños que tuvo, en los que el sol, la luna y once estrellas se inclinaban ante él). «Y sus hermanos le tenían envidia» –cuenta el narrador (Gn. 37:11)– y decidieron venderlo a unos madianitas, manchando su túnica de sangre para hacer pensar que había sido devorado por las fieras.

La estancia de Israel en Egipto no fue fruto de la casualidad, sino en cumplimiento de la advertencia dada a Abraham de que su descendencia pasaría cuatrocientos años en tierra ajena, donde sería oprimida (Gn. 15:13), y el autor de Génesis aprovecha esta maravillosa historia, que ocupa nada menos que quince capítulos de la historia de Jacob, para ahondar en aspectos de la lucha emocional del patriarca que hasta aquí habían permanecido ocultos. Jacob había tenido su propia responsabilidad en la suerte de José cuando le favoreció de manera tan notoria ante sus hermanos y conocía, tal vez, los riesgos que corría al enviarle en busca de ellos en Siquem.

El carácter de Jacob había sido puesto a prueba a lo largo de muchos años de dura aflicción, lecciones que recordaría, sin duda, cuando se vio privado de José, engañado por la perversa acción de sus hijos. La familia de Jacob no recibe un tratamiento hagiográfico, precisamente, y el narrador señala, por de pronto, el mal comportamiento de los hijos de Bilha y Zilpa (las criadas de Raquel y de Lea tomadas como concubinas por Jacob para compensar las dificultades procreativas de sus esposas), que dañaban la reputación de Jacob para disgusto del joven José, quien los delató ante su padre. Peor aún: el ambiente familiar se encontraba envenenado por el odio de los hermanos hacia José, amargo fruto del favoritismo notorio de su padre. En consecuencia «no podían hablarle pacíficamente», una expresión que puede significar, sencillamente, que no le dirigían la palabra. La pregunta si José hizo bien en informar de sus hermanos ante Jacob es ociosa: le preocupaba el buen nombre de su padre, y en esto, pensamos, actuó con responsabilidad y nobleza. ¿Hizo bien Jacob en mostrar tan públicamente su preferencia por José? La túnica de diversos colores provocó la repulsa de sus hermanos. ¿Fue prudente Jacob al distinguir a José de manera tan abierta? El narrador no se pronuncia al respecto.

El disgusto de Jacob fue grande. He aquí su reacción cuando sus hijos le mostraron la túnica manchada de sangre:

> Y él la reconoció, y dijo: La túnica de mi hijo es; alguna mala bestia lo devoró; José ha sido despedazado. Entonces Jacob rasgó sus vestidos, y puso cilicio sobre sus lomos, y guardó luto por su hijo muchos días. Y se levantaron todos sus hijos y todas sus hijas para consolarlo; mas él no quiso recibir consuelo, y dijo: Descenderé enlutado a mi hijo hasta el Seol. Y lo lloró su padre. Y los madianitas lo vendieron en Egipto a Potifar, oficial de Faraón, capitán de la guardia. (Gn. 37:33-36)

El reencuentro de los hermanos con José, tras la ingeniosa estrategia diseñada para descubrir la culpabilidad de ellos y provocar su arrepentimiento, constituye uno de los capítulos más asombrosos de la Biblia, y revela las claves interpretativas de la vida de Jacob:

Y dijo José a sus hermanos: Yo soy José; ¿vive aún mi padre? Y sus hermanos no pudieron responderle, porque estaban turbados delante de él. Entonces dijo José a sus hermanos: Acercaos ahora a mí. Y ellos se acercaron. Y él dijo: Yo soy José vuestro hermano, el que vendisteis para Egipto. *Ahora, pues, no os entristezcáis, ni os pese de haberme vendido acá; porque para preservación de vida me envió Dios delante de vosotros.* Pues ya ha habido dos años de hambre en medio de la tierra, y aún quedan cinco años en los cuales ni habrá arada ni siega. *Y Dios me envió delante de vosotros, para preservaros posteridad sobre la tierra, y para daros vida por medio de gran liberación. Así, pues, no me enviasteis acá vosotros, sino Dios,* que me ha puesto por padre de Faraón y por señor de toda su casa, y por gobernador en toda la tierra de Egipto.

Daos prisa, id a mi padre y decidle: Así dice tu hijo José: Dios me ha puesto por señor de todo Egipto; ven a mí, no te detengas. Habitarás en la tierra de Gosén, y estarás cerca de mí, tú y tus hijos, y los hijos de tus hijos, tus ganados y tus vacas, y todo lo que tienes. Y allí te alimentaré, pues aún quedan cinco años de hambre, para que no perezcas de pobreza tú y tu casa, y todo lo que tienes. He aquí, vuestros ojos ven, y los ojos de mi hermano Benjamín, que mi boca os habla. Haréis, pues, saber a mi padre toda mi gloria en Egipto, y todo lo que habéis visto; y daos prisa, y traed a mi padre acá. (Gn. 45:3-13)

Reconfortado por Dios en visiones de noche, el anciano Jacob emprendió viaje hacia Egipto:

Salió Israel con todo lo que tenía, y vino a Beerseba, y ofreció sacrificios al Dios de su padre Isaac. Y habló Dios a Israel en visiones de noche, y dijo: Jacob, Jacob. Y él respondió: Heme aquí. Y dijo: Yo soy Dios, el Dios de tu padre; no temas de descender a Egipto, porque allí yo haré de ti una gran nación. Yo descenderé contigo a Egipto, y yo también te haré volver; y la mano de José cerrará tus ojos. (Gn. 46:1-4)

Cuando Jacob llegó a Egipto, sucedió un encuentro asombroso, que solo podría haber preparado el Señor:

También José introdujo a Jacob su padre, y lo presentó delante de Faraón; y Jacob bendijo a Faraón. Y dijo Faraón a Jacob: ¿Cuántos son los días de los años de tu vida? Y Jacob respondió a Faraón: *Los días de los años de mi peregrinación son ciento treinta años; pocos y malos han sido los días de los años de mi vida,* y no han llegado a los días de los años de la vida de mis padres en los días de su peregrinación. Y Jacob bendijo a Faraón, y salió de la presencia de Faraón. Así José hizo habitar a su padre y a sus hermanos, y les dio posesión en la tierra de Egipto, en lo mejor de la tierra, en la tierra de Ramesés, como mandó Faraón. Y alimentaba José a su padre y a sus hermanos, y a toda la casa de su padre, con pan, según el número de los hijos. (Gn. 47:7-12)

Al contemplar al anciano padre de José y escuchar su bendición, tan solo inquirió Faraón: «¿Cuántos son los días de los años de tu vida?». La respuesta de Jacob es reveladora, y define el ser y estar de Israel en el mundo: «Los días de los años de mi peregrinación son ciento treinta años; pocos y malos han sido los días de los años de mi vida, y no han llegado a los días de los años de la vida de mis padres en los días de su peregrinación». Jacob presiente que no alcanzará la edad de sus antepasados: sus años han sido llenos de disgustos y sobresaltos, engaños y desengaños, frustraciones y amarguras. Han sido días de peregrinación, sin embargo, y el hecho de reconocer que su vida en la tierra era transitoria le ha permitido encarar el porvenir desde una perspectiva superior. Jacob no ha disfrutado de la gloria del mundo, ni la ha ambicionado, porque tenía su mirada puesta en Dios.

Diecisiete años más vivió Jacob en aquella tierra, el mismo tiempo que había visto crecer a su lado al pequeño José hasta su venta a los mercaderes madianitas en Dotán. Ahora su familia se multiplicará en gran manera, pero Jacob no lo verá con sus propios ojos, porque pronto llegará el final. Jacob está próximo a morir.

El testamento de Jacob

Tras el venturoso panorama que ha dibujado el narrador, el de una familia instalada en lo mejor de la tierra de Egipto merced a la pericia de José y la potestad de Faraón, el escenario se vuelve más doméstico, no exento de un cierto patetismo, ya que Jacob se encuentra enfermo y próximo a morir. Pese a ello, su autoridad como patriarca y profeta a punto está de adquirir un protagonismo determinante, no solo respecto de sus propios hijos, sino con la mente puesta en la descendencia de ellos durante las generaciones por venir. Jacob, debido a su avanzada edad, no distingue con claridad el perfil de los hijos de José, pero con los ojos de la fe columbra la historia futura, no solo de ellos, sino de todos los hijos de Israel (ver cap. 49). Con este objetivo, Jacob adoptó como suyos a Efraín y Manasés, los hijos de José nacidos en Egipto.

El testamento de Jacob (Gn. 49) despliega ante nosotros una visión de la vida misma, con las luces y las sombras que conforman el tapiz de nuestra vida en el mundo. Tras la muerte de Jacob, José se dispuso a rendirle los honores que mereció este luchador, pero no en Egipto sino en su propia tierra, y tras embalsamarme le acompañó en su viaje final:

> Entonces José subió para sepultar a su padre; y subieron con él todos los siervos de Faraón, los ancianos de su casa, y todos los ancianos de la tierra de Egipto, y toda la casa de José, y sus hermanos, y la casa de su padre; solamente dejaron en la tierra de Gosén sus niños, y sus ovejas y sus vacas. Subieron también con él carros y gente de a caballo, y se hizo un escuadrón muy grande. Y llegaron hasta la era de Atad, que está al otro lado del Jordán, y endecharon allí con grande y muy triste lamentación; y José hizo a su padre duelo por siete días. Y viendo los moradores de la tierra, los cananeos, el llanto en la era de Atad, dijeron: Llanto grande es este de los egipcios; por eso fue llamado su nombre Abel-Mizraim, que está al otro lado del Jordán. Hicieron, pues, sus hijos con él según les había mandado; pues lo llevaron sus hijos a la tierra de Canaán, y lo sepultaron en la cueva del campo de Macpela, la que había comprado Abraham con el

mismo campo, para heredad de sepultura, de Efrón el heteo, al oriente de Mamre. Y volvió José a Egipto, él y sus hermanos, y todos los que subieron con él a sepultar a su padre, después que lo hubo sepultado. (Gn. 50:7-14)

La elección de Jacob

Resulta claro que, al margen de su importancia histórica, la estancia de Israel en Egipto donde prosperó y se convirtió en una nación grande, la vida de José arroja luz sobre una cuestión fundamental que el apóstol Pablo explica en su referencia a la elección de Jacob: el engranaje que permite a los hombres desplegar sus decisiones en libertad bajo la mano soberana de Dios:

Y… cuando Rebeca concibió de uno, de Isaac nuestro padre (pues no habían aún nacido, ni habían hecho aún ni bien ni mal, para que el propósito de Dios conforme a la elección permaneciese, no por las obras sino por el que llama), se le dijo: El mayor servirá al menor. Como está escrito: A Jacob amé, mas a Esaú aborrecí. (Ro. 9:10-13)

El concepto de elección ha causado controversia, incluso división. El texto de Pablo se refiere al papel de Jacob en la historia de Israel. John Lennox en su libro ¿Predeterminados a creer? (Andamio Editorial, 2022) afirma que este importante texto no debe emplearse para establecer una doctrina de salvación personal tan en auge en nuestros días. En su versión más extrema, esta doctrina afirma que Dios predestina a ciertos hombres y mujeres a la salvación, dotándoles del don de la fe, mientras que predestina a otros (la mayoría) a la condenación, privándoles del don de la fe, pero teniéndoles por culpables de su falta de fe, es decir, que Dios los juzgará por ser incapaces de hacer lo que no pueden hacer, y de no ver lo que no pueden ver.

Resulta evidente que la elección de Jacob no condicionó las decisiones que tomó y que él fue responsable de todos sus actos, un hecho que ilustra claramente la historia de José con la que termina el Génesis. Los hermanos de José fueron culpables de su iniquidad, y lo reconocieron delante de José, pero hay una Providencia que torna en bendición los pecados humanos, como declaró José:

Yo soy José vuestro hermano, el que vendisteis para Egipto. Ahora, pues, no os entristezcáis, ni os pese de haberme vendido acá; porque para preservación de vida me envió Dios delante de vosotros. (Gn. 45:4-5)

La culpa de haberle vendido para Egipto fue de ellos; la gracia providencial fue de Dios. De este modo la historia de José ilumina la declaración de Pablo. Esaú no fue obligado a vender su primogenitura: lo hizo porque era un hombre profano. Jacob no fue obligado a engañar a su padre: lo hizo por un impulso que formaba parte de los designios de Dios.

Otro aspecto de esta historia merece nuestra atención: el favoritismo de Jacob por José fue natural, pero este demostró ser un hombre de una categoría espiritual muy superior a la de sus hermanos y, con el tiempo, no solo administró las riquezas de Egipto desde la diestra de Faraón, sino que preservó la vida de los hijos de Israel para la posteridad. La figura de José es cristológica, claro está, y anticipa un drama mayor, que Pedro puso de manifiesto en el día de Pentecostés al denunciar, inspirado por el Espíritu Santo, la responsabilidad de las autoridades en la muerte de Jesús:

Varones israelitas, oíd estas palabras: Jesús nazareno, varón aprobado por Dios entre vosotros con las maravillas, prodigios y señales que Dios hizo entre vosotros por medio de él, como vosotros mismos sabéis; a este, entregado por el determinado consejo y anticipado conocimiento de Dios, prendisteis y matasteis por manos de inicuos, crucificándole; al cual Dios levantó, sueltos los dolores de la muerte, por cuanto era imposible que fuese retenido por ella. (Hch. 2:22-24)

Colofón

Por último, resuena en nuestros oídos el asombroso testimonio que Jacob dio ante el Faraón:

Los días de los años de mi peregrinación son ciento treinta años; pocos y malos han sido los días de los años de mi vida, y no han llegado a los días de los años de la vida de mis padres en los días de su peregrinación. Y Jacob bendijo a Faraón, y salió de la presencia de Faraón.

Pocos, porque nuestras vidas vuelan y el tiempo huye como una sombra; y malos, porque en este valle de lágrimas los disgustos y las decepciones hacen olvidar, a veces, las bendiciones y los momentos de felicidad. Es de admirar la honestidad de Jacob, consciente de que se trata de una peregrinación, un viaje que conduce a la casa del Padre, aquella que vio en visión y que el Señor Jesús vino a abrir para nosotros de par en par.

02

David

La angustia de David
y la misericordia de Dios

Si azarosa fue la peregrinación de Jacob, la vida de David solo puede calificarse de tumultuosa, como si su sola persona compendiara todas las posibles vivencias de un ser humano en el mundo, con los amores y desamores, triunfos y derrotas, lealtades y traiciones, disgustos y alegrías que conformaron una vivencia espiritual única en la Escritura.

Robert Alter, catedrático de Hebreo y Literatura Comparada en la Universidad de California, Berkeley, un referente lingüístico y literario de primer orden, ha descrito en estos términos la historia de David:

> La historia de David es probablemente la mayor representación narrativa de la antigüedad de una vida humana que evoluciona lentamente a través del tiempo, moldeada

y alterada por las presiones de la vida política, las instituciones públicas, la familia, los impulsos del cuerpo y el espíritu y la triste decadencia final de la carne. También proporciona la visión más incisiva de los crueles procesos de la historia y del comportamiento humano deformado por la búsqueda del poder. Y en ninguna parte se despliega con mayor brillantez la austera economía narrativa de la Biblia, su capacidad para definir a los personajes en unos pocos trazos reveladores. (*The David Story*, 1999)

La aparición en escena de la inmensa figura de David marca un hito indiscutible en la Historia de la Salvación. El autor de 1 y 2 Samuel despliega en torno al gran rey un arte nunca superado en la narrativa bíblica, comparable con las grandes creaciones de la literatura universal, tanto en la descripción del drama político que acompañó el establecimiento de la monarquía israelita como en la revelación de la intimidad psicológica y espiritual de un hombre llamado a ser prototipo del Rey de reyes, Jesús. David es un hombre eminentemente público cuya vida privada ha sido sometida a un escrutinio sin precedentes, un héroe amado por el pueblo más que cualquier otro, y el blanco de la saña de sus enemigos como ningún otro personaje de la historia bíblica. Todo en David es superlativo; todo en él es auténtico, real. Tan atractivo y admirado era el joven David que las mujeres de Israel coreaban su nombre en las canciones populares del país; tan odiado era por el paranoico Saúl que fue obligado a salir del país y vivir como un fugitivo. Autor de salmos leídos y cantados en todo el mundo a lo largo de tres mil años, pastor, hombre valiente y rey, el «dulce cantor de Israel» (2 S. 23:1) ha ocupado un lugar de privilegio en el corazón de los creyentes de todo tiempo y lugar.

La figura de David

La figura de David emerge con brillantez en las páginas de la Sagrada Escritura desde el momento en que Samuel le ungió en secreto en la casa de su padre en Belén. El joven hijo de Isaí era «rubio, hermoso de ojos, y de buen parecer» (1 S. 16:12) y a partir de su hazaña frente al gigante filisteo Goliat, su fama se extendió por todo el mundo. David se convirtió en el referente máximo para todos los reyes posteriores de Judá y de Israel, y su nombre es evocado con admiración por los escritores bíblicos. El propio Jesús fue dignificado con el título de Hijo de David, y el Cristo glorificado declaró a Juan en Patmos: «Yo soy la raíz y el linaje de David, la estrella resplandeciente de la mañana» (Ap. 22:16). La raíz y el linaje: *nomen et cognomen*, nombre y apellido; la identificación por parte de Cristo con su predecesor es absoluta.

Al mismo tiempo, ningún personaje bíblico ha sido juzgado tan severamente como David, y documentar los vituperios que cayeron sobre él a lo largo de su vida sería tan arduo como penoso. Desde los primeros compases de su historia la motivación de David fue cuestionada. Ni siquiera el episodio de Goliat le libró de la calumnia y de la descalificación: de ello se encargó su hermano mayor Eliab quien, al ver a David entre los «varones de Israel», le espetó: «¿Para qué has descendido acá? ¿y a quién has dejado aquellas pocas ovejas en el desierto?». La insinuación de Eliab era falsa: David había descendido a la batalla enviado por su padre con víveres para sus hermanos y los jefes de los mil, dejando a sus «pocas ovejas» en manos de un guarda. Pero la insinuación dio paso al insulto: «Yo conozco tu soberbia y la malicia de tu corazón, que para ver la batalla has venido» (1 S. 17:28). No nos cabe duda de que el valiente David, capaz de defender a sus ovejas de los ataques del oso y el león (1 S. 17:34-37) ansiara ver la batalla, incluso participar en ella si se presentaba la oportunidad; pero no por soberbia ni por malicia (defectos que rezumaban las palabras del propio Eliab), sino por celo de la casa de Israel. La calumnia lanzada por Eliab marcó el inicio de un duro trato que recibiría David a lo largo de su carrera.

El corazón de David

En medio de sus grandes éxitos y rodeado del fervor popular, David era un hombre solitario que vivió intensamente el rechazo y la incomprensión. Conocemos este aspecto a través de los muchos salmos en los que dio cuenta del estado de su conciencia y de su corazón. En estos salmos la experiencia de David prefigura la de Cristo, y muchos de ellos son citados en el Nuevo Testamento en relación con la experiencia del Señor. Sirva como ejemplo el Salmo 69:

Sálvame, oh Dios,
Porque las aguas han entrado hasta el alma.
Estoy hundido en cieno profundo,
donde no puedo hacer pie;
He venido a abismos de aguas,
y la corriente me ha anegado.

(…)

Porque por amor de ti he sufrido afrenta;
Confusión ha cubierto mi rostro.
Extraño he sido para mis hermanos,
Y desconocido para los hijos de mi madre.

Porque me consumió el celo de tu casa;
Y los denuestos de los que te vituperaban cayeron
sobre mí.

(...)

Acércate a mi alma, redímela;
Líbrame a causa de mis enemigos.
Tú sabes mi afrenta, mi confusión y mi oprobio;
Delante de ti están todos mis adversarios.
El escarnio ha quebrantado mi corazón,
y estoy acongojado.
Esperé quien se compadeciese de mí, y no lo hubo;
Y consoladores, y ninguno hallé.
Me pusieron además hiel por comida,
Y en mi sed me dieron a beber vinagre.
(vv. 1-2, 7-9, 18-21)

La correspondencia con Cristo es explícita: a David le consumió el celo de la casa de Dios lo mismo que a Jesús (v. 9; Jn. 2:17), y a él, también, en su sed le dieron a beber vinagre (v. 21; Jn. 19:28-29). Esta metáfora, que se haría realidad material en el horror de la Crucifixión, refleja gráficamente la amarga experiencia de un hombre que sufrió injustamente el vituperio y la persecución. David, en las crisis de su vida, no encontró quien tuviese compasión de él, ni halló consolación. Pero estaba en buena compañía. Compartía la experiencia de Jesús, y resulta notable que desde el Gólgota Jesús citó dos salmos de David, el 22 y el mencionado 69, las únicas referencias que dan fe del padecimiento físico de Cristo en la Cruz.

La historia de David

El menor de los ocho hijos de Isaí, de la tribu de Judá, David era bisnieto de Rut y Booz, y en sus años jóvenes se ocupaba de los rebaños de su padre, que defendía con valentía (recuérdese su pericia con la honda). Su temperamento y sus talentos granjearon el resentimiento y hostilidad de sus hermanos —como en su día le ocurrió al joven José—, pero en la soledad del campo David aprendió el cuidado y la ternura que evocaría tan maravillosamente en su Salmo 23, atributos que reconoció en la protección que le brindó el Señor.

Tras el rechazo de Saúl como rey sobre Israel, David fue ungido en secreto por Samuel en la casa de Isaí. La melancolía de Saúl, que desembocaría en paranoia y locura, fue paliada por el talento musical de David, seleccionado para aliviar su declive emocional. Al principio la presencia de David fue del agrado de Saúl, pero después de su éxito con Goliat el joven músico se convirtió en blanco de su ira. Como premio de su triunfo, Saúl había prometido la mano de su hija mayor, pero tras su deterioro psicológico el rey renegó de su promesa y le dio en matrimonio a su segunda hija Mical en un arreglo diseñado para provocar su muerte (1 S. 18:25). El odio de Saúl puso en constante peligro la vida de David. Saúl intentó matarle arrojando una lanza contra él, y David se libró de un intento de arresto gracias a una estratagema de Mical (1 S. 19:8-17), que se alió con David junto con su hermano Jonatán en contra de su padre.

Los siguientes pasos de David están marcados por su huida de la saña asesina de Saúl. No encontrándose seguro en ningún sitio, David formó en torno a sí una banda de fugitivos y mercenarios en Adulam. Perdonó la vida de Saúl en dos ocasiones por respeto a la figura del rey, y protegía los rebaños de sus compatriotas de los ataques de fuerzas foráneas, una circunstancia que le permitió conocer a quien sería su esposa, Abigail. Ante la imposibilidad de frenar la hostilidad de Saúl, David se vio obligado a aliarse con el rey filisteo Aquis, de Gat, pero cuando este salió contra el ejército de Saúl, David no los acompañó y así se libró de la tragedia de Gilboa donde cayeron el rey y su hijo Jonatán (2 S. 1:19-27).

Muerto Saúl, David volvió a la región de Judá, donde fue ungido rey por los de su tribu y se estableció en Hebrón. Tenía treinta años y reinó durante siete años y medio allí. Durante este tiempo hubo guerra entre la casa de Saúl y la de David, «pero David se iba fortaleciendo, y la casa de Saúl se iba debilitando» (2 S. 3:1). Finalmente, David fue ungido rey sobre todo Israel en Hebrón, desde donde pronto trasladó su capital a Jerusalén (2 S. 3-5). Reinó en Jerusalén durante treinta y tres años más, venció a todos sus enemigos —filisteos, moabitas, amonitas, edomitas y amalecitas— y extendió su esfera de influencia fuera de la frontera de Israel. Construyó un palacio y prosperó materialmente. En su celo religioso trajo el arca del pacto de Quiriat-jearim y lo colocó en un tabernáculo en Jerusalén. En este período de frenética actividad se produjeron las rebeliones de Absalón y Seba, que colmarían las «angustias» de David, hasta su final.

A lo largo de su vida David compuso salmos de gran belleza cuya carga mesiánica fue reconocida por el Señor y sus apóstoles, y el «duce cantor de Israel» (2 S. 23:1) y, a pesar de sus errores, será recordado siempre como un hombre «conforme al corazón de Dios» (Hch. 13:22).

Los amores de David

La carrera de David, jalonada por períodos de lucha y asediado por peligros sin número, se caracterizó por su prolija vida sentimental. Tuvo al menos ocho esposas, además de concubinas, y de ellas destacan sus amores con Mical, la segunda hija de Saúl, Abigail y Betsabé, la esposa de Urías. Son relaciones que iluminan con luz propia el carácter de David.

Mical

La historia de Mical refleja no solo el amor de unos y el odio de otros que acompañarían a David a lo largo de su vida, sino también las consecuencias que sufrirían quienes decidieron alinearse contra él. Mical amaba a David, y al principio le protegió de la saña de su padre, pero perdió aquel primer amor y al final le despreció cuando danzó delante del arca en Jerusalén. En consecuencia, nunca tuvo hijos hasta el día de su muerte (2 S. 6:23).

Mical amaba a David nos dice el narrador (1 S. 18:20) y no es frecuente que en la Biblia se mencione específicamente el amor de una mujer por un hombre (un hecho más que compensado en el sublime Cantar de los Cantares de Salomón). En el caso de Mical, se trató de un sentimiento que no superaría la prueba de los conflictos familiares y de una larga separación. Tal vez la razón se encontraba en las circunstancias en las que Mical se había enamorado de David. El apuesto joven era un héroe nacional, amado por todo el país, y Saúl, su padre, promovió el enlace con la esperanza de darle muerte. Separada de David por el odio de su padre hacia él, y dada en matrimonio a Paltiel, cuando David la reclamó tras la muerte de Saúl se vio nuevamente perjudicada, pues cuando se la llevaron, Paltiel «la siguió llorando hasta Bahurim» (2 S. 3:16). Mical no había tenido la oportunidad de profundizar en su amor por David, y cuando vio la desbordante alegría de su marido al llevar el arca, lo despreció. Su comportamiento no estaba a la altura de un rey, para ella, y le espetó, para herirle: «¡Cuán honrado ha quedado hoy el rey de Israel, como se descubre sin decoro un cualquiera!». Así se demostró más hija de Saúl que esposa de David, un triste final de su relación conyugal.

Pero no todo había sido motivo de disgusto en la casa de Saúl, como pone de manifiesto su amistad con Jonatán.

Jonatán

La vida de David, con sus glorias y sus miserias, ejemplifica todas las variantes –los distintos «rostros»– del amor, y presenta un caso maravilloso de amistad verdadera junto con un ejemplo flagrante de traición. Su amistad con Jonatán, hijo mayor de Saúl, es paradigmática, lo mismo que la traición que sufriría en el seno de su familia. El amor de David por Jonatán era el de un hermano, incluso más que un hermano, como también recordó Salomón: «Y amigo hay más unido que un hermano» (Pr. 18:24). Perseguido por Saúl, David fue socorrido por Jonatán, él mismo en grave peligro de su vida, un amor maravilloso que no dependía de los vaivenes sentimentales propios de un romance, sino de una comunión profunda que el narrador describió con gran belleza así: «el alma de Jonatán quedó ligada con la de David, y lo amó Jonatán como a sí mismo» (1 S. 18:1). Jonatán protegió la vida de David de las tretas del rey, pero se mantuvo leal a su padre y junto a él cayó en batalla. Al conocer la noticia de su muerte, David compuso esta hermosa endecha:

> ¡Cómo han caído los valientes en medio de la batalla!
> ¡Jonatán, muerto en tus alturas!
> Angustia tengo por ti, hermano mío Jonatán,
> Que me fuiste muy dulce.
> Más maravilloso me fue tu amor
> Que el amor de las mujeres. (2 S. 1:25-26)

David no volvió a tener un amigo como Jonatán, pero sí conoció la deslealtad y la traición. Su propio hijo Absalón usurpó el trono, y arrastró tras sí a Ahitofel, consejero de David. Cuando Absalón inició su revuelta, Ahitofel le dio la espalda a David (Sal. 41:9; 55:12-14) y se unió a la conspiración (2 S. 15:12-13). Resulta de un patetismo profundo el desgarrador lamento de David al verse traicionado por un hombre, «íntimo», al parecer, y amigo (Sal. 55:12-14), prefiguración de la traición, por uno de los suyos, de Cristo.

Abigail

«Muro fueron para nosotros de día y de noche» –dijeron los criados de Nabal, marido de Abigail, en defensa de los hombres de David que habían protegido sus rebaños–, pero aquel hombre bruto y egocéntrico no quiso escucharlos y mandó un mensaje duro y desafiante cuando David se acercó a él en Carmel en busca de ayuda. El asunto dio lugar a uno de los relatos más hermosos de la Biblia (1 S. 25).

La historia tiene lugar en un período de transición entre la muerte de Samuel, el último de los grandes jueces de Israel, y el acceso de David al trono. El relato es sencillo en su desarrollo narrativo, pero complejo en su contenido teológico y rico en sus implicaciones espirituales. El narrador caracteriza a Nabal y a su esposa Abigail con una contundencia inusual: él es un hombre «duro y de malas obras», mientras que ella es «de buen entendimiento y de hermosa apariencia». El contraste entre los dos, tanto en su aspecto externo como interno, no pudo ser mayor y Abigail, con sabiduría y gracia, no solo previno un desastre sino también cautivó el corazón de David. El perverso Nabal consideró a David como un fugado de la justicia; Abigail, por el contrario, vio en él el legítimo sucesor de Saúl.

David, indignado por el comportamiento hostil de Nabal, se propuso ejecutar venganza sobre él, y en una escena digna de los más grandes narradores, Abigail intervino para no solo salvar su casa sino evitar que David cometiese una atrocidad indigna de su persona y de la que se arrepentiría después. Abigail, emprendedora y competente, dinámica y práctica, era también una mujer hondamente espiritual, y su brillante embajada maravilló al futuro rey:

> Y cuando Abigail vio a David, se bajó prontamente del asno, y postrándose sobre su rostro delante de David, se inclinó a tierra; y se echó a sus pies, y dijo: Señor mío, sobre mí sea el pecado; mas te ruego que permitas que tu sierva hable a tus oídos, y escucha las palabras de tu sierva. No haga caso ahora mi señor de ese hombre perverso, de Nabal; porque conforme a su nombre, así es. (…) Ahora pues, señor mío, vive Jehová, y vive tu alma, que Jehová te ha impedido el venir a derramar sangre y vengarte por tu propia mano. (…) Y yo te ruego que perdones a tu sierva esta ofensa; pues Jehová de cierto

hará casa estable a mi señor, por cuanto mi señor pelea las batallas de Jehová, y mal no se ha hallado en ti en tus días. (…) Y acontecerá que cuando Jehová haga con mi señor conforme a todo el bien que ha hablado de ti, y te establezca por príncipe sobre Israel, entonces, señor mío, no tendrás motivo de pena ni remordimientos por haber derramado sangre sin causa, o por haberte vengado por ti mismo. Guárdese, pues, mi señor, y cuando Jehová haga bien a mi señor, acuérdate de tu sierva. (1 S. 25:23-31)

La presencia de Abigail causó una honda impresión en David: «Y dijo David a Abigail: "Bendito sea Jehová Dios de Israel, que te envió para que hoy me encontrases. Y bendito sea tu razonamiento, y bendita tú, que me has estorbado hoy de ir a derramar sangre, y a vengarme por mi propia mano"» (1 S. 25:32-33). Tras la muerte de Nabal, Abigail se convirtió en esposa de David. Abigail fue «muro» para David, y solo nos queda admirar, junto con el futuro rey, su valentía, su inteligencia y su fe.

Cuando David vio a la hermosa Betsabé, sin embargo, ningún muro se interpuso para salvarle de su caída.

Betsabé

El episodio de Betsabé más que ningún otro define el carácter de David: su caída en pecado y las consecuencias morales y espirituales, políticas y personales que acarreó, y si ningún otro acontecimiento ha ganado la universal reprobación de su conducta como su relación con Betsabé, ningún otro evento nos acerca al verdadero corazón de David.

La historia del pecado de David es tristemente célebre. Un día el rey vio desde su balcón a la hermosa Betsabé, cuyo marido se encontraba con el ejército en el frente, y la hizo llamar a su alcoba. Para encubrir las consecuencias de su acto David envió a Urías al lugar más peligroso de la batalla, donde murió a manos del enemigo, víctima inocente de la transgresión del rey. Confrontado por el profeta Natán, David se arrepintió de su pecado, y desde su angustia pidió perdón a Dios:

Ten piedad de mí, oh Dios, conforme a tu misericordia;
Conforme a la multitud de tus
piedades borra mis rebeliones.
Lávame más y más de mi maldad,
Y límpiame de mi pecado. (Sal. 51:1-2)

El pecado de David fue remitido (2 S. 12:13). No obstante, su pecado tendría consecuencias: moriría el hijo recién nacido y, a partir de entonces, la casa de David sufriría violencia y conflicto. Lo había dicho Natán: «Ahora no se apartará jamás de tu casa la espada, por cuanto me menospreciaste, y tomaste la mujer de Urías heteo para que fuese tu mujer. Así ha dicho Jehová: He aquí yo haré levantar el mal sobre ti de tu misma casa...» (2 S. 12:10-11). Y así fue: un hijo de David, Amnón, violó a Tamar, la bella hermana de Absalón, y este vengó a su hermana matando a Amnón dos años después. El hecho disgustó al rey, y Absalón huyó a Gesur, donde permaneció durante tres años. Tras una serie de maniobras políticas protagonizadas por Joab, general del ejército de David, Absalón volvió a Jerusalén y fue admitido finalmente en palacio, aunque David conocía el riesgo que asumía. De ahí a la usurpación del trono por parte de Absalón solo fue cuestión de tiempo. ¿Por qué no actuó decisivamente el rey? ¿Por qué no hizo justicia tras el asesinato de Amnón? ¿Por qué permitió que Absalón «robara el corazón de los de Israel» con impunidad? Según algunos, porque David se vio paralizado por la conciencia de su propio pecado. Según otros, porque así estaba establecido por boca de Natán: de la causa (el pecado de David) fue la consecuencia inevitable (la sublevación de Absalón). Pero el asunto no es tan sencillo. Para entenderlo nos conviene acercarnos al corazón de David.

Un hombre conforme al corazón de Dios

«Tú eres el hombre» (así literalmente) le dijo Natán cuando confrontó a David por causa de su pecado (2 S. 12:7). Las palabras de Natán recuerdan la exclamación de Pilato ante la multitud que pedía a voces la muerte de Cristo: «¡He aquí el hombre!» (Jn. 19:5). Las expresiones están ligadas. David representa al hombre venido a menos; Jesucristo encarna al Hijo del Hombre que murió por los pecados del mundo. Así es el hombre; así somos todos. Así de infinita es la misericordia de Dios; así de grandiosa es la Salvación de Cristo.

El deseo sexual tiene un lado oscuro, como todo el mundo sabe, y el pecado de David fue grave, y sus consecuencias, también, pero por medio de este terrible trance podemos aprender una lección de salvación. El apóstol Pablo vio en David el ejemplo supremo de la gracia de Dios como don que justifica al pecador, y escribió, citando el Salmo 51:

Como también David habla de la bienaventuranza del hombre a quien Dios atribuye justicia sin obras, diciendo:

Bienaventurados aquellos cuyas iniquidades son perdo-
nadas, y cuyos pecados son cubiertos. Bienaventurado el
varón a quien el Señor no inculpa de pecado. (Ro. 4:6-8)

El asunto nos concierne a todos. David, paradigma de la fla-
queza moral del ser humano, se convierte en un ejemplo de la
inmensa gracia de Dios. El propio David aprendió de su error y,
conocedor de la dicha del perdón, entró en una nueva relación
con el Señor, y los hermosos salmos que escribió le muestran ser,
a pesar de todo, un hombre conforme al corazón de Dios.

El ejemplo de David

La caída en desgracia de David, condenada por todos a partir
de la denuncia de Natán, y con razón, no fue el final del asunto,
y conviene no minusvalorar la manera en que el Señor mostró su
gracia providencial aun en medio de la oscuridad. Hemos considerado cómo en los designios de Dios era necesario que José fuese
vendido a los madianitas para ocupar el lugar de preeminencia en
Egipto a fin de preservar la vida de su pueblo, y lo mismo podría
decirse de la historia de Noemí en Moab por la que Rut se incor-
poró en la línea mesiánica de Booz, y de tantos otros casos que
registra la Escritura.

Visto desde la historia posterior de la relación entre David y
Betsabé solo podemos concluir que, de alguna forma, ella era
destinada a ser su esposa, ya que fruto de su matrimonio nacería
Salomón, el rey más sabio de la antigüedad y autor del hermoso
Cantar de los Cantares, el libro de Eclesiastés y los Proverbios, que
forman parte de la Historia de la Salvación. En las postrimerías

de la vida de David, Betsabé colaboró con el profeta Natán para asegurar el trono frente al intento de usurpación de Adonías, y no nos cabe duda de que a través de su amarga experiencia David descubrió la gracia de Dios en una dimensión antes desconocida para él, y entró en una relación con el Señor más profunda, como reflejan sus salmos de penitencia y redención.

Quedaba un episodio más para cerrar las muchas relaciones sentimentales de David. La búsqueda de la joven Abisag para atender al rey en su senectud. El asunto ha dado que hablar:

> Cuando el rey David era viejo y avanzado en días, le cubrían de ropas, pero no se calentaba. Le dijeron, por tanto, sus siervos: Busquen para mi señor el rey una joven virgen, para que esté delante del rey y lo abrigue, y duerma a su lado, y entrará en calor mi señor el rey. Y buscaron una joven hermosa por toda la tierra de Israel, y hallaron a Abisag sunamita, y la trajeron al rey. Y la joven era hermosa; y ella abrigaba al rey, y le servía; pero el rey nunca la conoció. (1 R. 1:1-4)

Al margen del esperado efecto terapéutico de la presencia de la hermosa Abisag en la alcoba del rey, parece claro que se trata de una manera decorosa de anunciar la impotencia del anciano David, lo que señalaría simbólicamente el final de su reinado. La reacción de Adonías lo deja claro: «Entonces Adonías hijo de Haguit se rebeló, diciendo: Yo reinaré» (1 R. 1:5).

Y así, tras la coronación de Salomón, llegó a su fin la portentosa vida de David, con este hermoso testimonio final: «Y el rey juró diciendo: Vive Jehová, que ha redimido mi alma de toda angustia» (1 R. 1:29).

Termino con la valoración del erudito Robert P. Gordon, en su comentario sobre I y II Samuel (2004):

> En medio de la celebración idealizada que el Antiguo Testamento realiza en torno a su figura, una de las descripciones más enigmáticas de David es la del «hombre conforme al corazón de Dios». De su derecho a tener un lugar entre los grandes del mundo antiguo cabe poca duda, pero ¿cómo pueden resistirse su vida interior y su carácter a semejante comparación? El David de los libros de Samuel está lejos de ser un santo de cartón. (…) Aun cuando se ha apuntado en el haber de David todo el bien que se pueda, quien llena las páginas de I y II Samuel sigue siendo un ser humano muy defectuoso, *tan dependiente de la misericordia divina como cualquier otro, y ostensiblemente más que la mayoría de los hombres.*

Entiendo perfectamente el sentimiento del autor, pero quien conoce su propio corazón sabrá que todos nosotros nos descarriamos como ovejas, y que Jehová cargó en Cristo el pecado de todos nosotros.

David, tan denostado por los errores que cometió, se convierte en paradigma del creyente en Cristo, con sus éxitos y fracasos, su gloria y miseria, y los pecados de David no menos que su honda espiritualidad, dirigen nuestra mirada hacia la infinita misericordia de Dios. Todos somos deudores y a todos Cristo ofrece la inmensa gracia de su Salvación.

Colofón

La carga cristológica de la historia de David es inagotable, tanto por la fe que le guio a través de las vicisitudes de la vida, ninguna más dura que la amargura de la traición que sufrió a lo largo de su carrera. El psicoanalista italiano Massimo Recalcati, en un estudio titulado *La noche de Getsemaní* (2024) compara y contrasta la traición de Judas con la negación de Pedro, dos momentos dolorosos en extremo, el de Judas, amargo fruto de un proceso larvado en el tiempo, y el de Pedro, fruto de un momento de temor y debilidad. Su análisis podría aplicarse a la traición de Absalón frente a la transgresión de David:

> La decisión de Judas ha de leerse más bien como... una auténtica voluntad de eliminar el cuerpo y la palabra del Maestro que se ha convertido en motivo de escándalo para él. Cada vez que un discípulo traiciona al Maestro al subestimar toda forma de deuda respecto a él, es porque ya no lo reconoce como maestro... porque la vida del Maestro se ha convertido en una sombra insoportable de la que siente la necesidad de liberarse. La mente de Judas se ve ofuscada por la necesidad de su propia autonomía y libertad como si su existencia dependiera de la muerte del Maestro, de su eliminación. Este es el fantasma envidioso que lo ofusca.

Según Recalcati, todo maestro arriesga ser traicionado por su discípulo. El asunto nos concierne porque delata la tendencia del ser humano a caer en la ingratitud. No fue así la negación de Pedro, un hombre que amaba a Jesús, dispuesto a seguirle hasta el final, emblemático no de resentimiento y envidia, sino de amor y fe:

La distancia abismal que separa a Pedro de Judas parece diluirse en la espesa oscuridad, las dos figuras parecen superponerse. Pedro traiciona no solo una vez, sino varias veces, tres veces nada menos, en unas pocas horas. Su fe, que parecía hecha de granito, se deshace, se desmenuza, cede a los primeros golpes, se descompone. ¿Cómo es posible que ocurra algo así? Él, a diferencia de Judas, no confabula, no trama nada a sus espaldas, no critica, no subestima, sino que honra sinceramente la palabra del Maestro. A través de la traición de Pedro, Jesús está destituyendo toda idealización heroica de la lealtad. Quiere demostrar que incluso el amor más sólido –por ser humano– puede caer, resbalar, traicionar su propia causa. ¿Es que Pedro no refleja acaso la ambivalencia dramática que recorre todo vínculo de amor? Dice la verdad cuando afirma sin vacilación su amor, y sin embargo es incapaz de superar la prueba de este amor.

Termino con el salmo más amado, sin duda, por los creyentes de todos los tiempos, y que refleja la belleza de un hombre conforme al corazón de Dios, el Salmo 23:

Jehová es mi pastor; nada me faltará.
En lugares de delicados pastos me hará descansar;
Junto a aguas de reposo me pastoreará.
Confortará mi alma;
Me guiará por sendas de justicia
por amor de su nombre.

Aunque ande en valle de sombra de muerte,
No temeré mal alguno, porque tú estarás conmigo;

Tu vara y tu cayado me infundirán aliento.
Aderezas mesa delante de mí en
presencia de mis angustiadores;
Unges mi cabeza con aceite; mi copa está rebosando.
Ciertamente el bien y la misericordia me
seguirán todos los días de mi vida,
Y en la casa de Jehová moraré por largos días.

Nota: el texto reproducido aquí es el que compartí en el retiro de Los Naranjos, con el único añadido del Colofón.

03

Job

Los temores de Job
y la vindicación de Dios

Hasta aquí hemos evitado la tentación de sermonear a partir de las experiencias del patriarca Jacob y el rey David, y tampoco hemos querido personalizar nuestra lectura de las angustias de este y de los años malos de aquel, aunque estoy seguro de que todos hemos pasado por situaciones duras, que todos hemos cometido errores, y que también todos hemos visto cómo el Señor hace que todas las cosas ayuden a bien. Jacob cometió muchos errores y los pecados de David son claros y manifiestos, pero ambos héroes de la fe reconocieron la mano providencial que guio sus vidas hasta el final.

Ahora nos toca, para cerrar esta serie, acercarnos a la caída en desgracia de un hombre que no sufrió las consecuencias de error alguno, ni pagó por ningún pecado que hubiera cometido, sino que padeció por causa de su justicia y rectitud. En ello, Job prefigura el padecimiento inocente de Cristo, a la vez que nos enseña una lección que nos concierne a todos. Aquí sí me parece conveniente, con la venia de mis amables lectores, contar un testimonio personal. Pero antes toca recordar brevemente la historia de Job.

La historia de Job

El libro de Job presenta un escenario dramático. Satanás, el «Acusador», se presenta un día ante la corte celestial. El lector moderno se extrañará, tal vez, ante las referencias al poder satánico que dan estructura al libro de Job. Quizás no debe extrañarse tanto. En el campo de muerte de Auschwitz-Birkenau se ha inscrito un solo texto en nombre de las víctimas de aquella barbarie diabólica. Se trata de Job 16:18: «¡Oh tierra! no cubras mi sangre, / Y no haya lugar a mi clamor». Representa el clamor de todos los seres humanos que han sufrido a manos de hombres inicuos en el mundo. El autor de Job plantea en toda su magnitud el problema del mal en un mundo creado por Dios, y el enigma del sufrimiento inocente. La Biblia sitúa el origen del mal en la esfera espiritual:

Y dijo Jehová a Satanás: ¿De dónde vienes? Respondiendo Satanás a Jehová, dijo: De rodear la tierra y de andar por ella. Y Jehová dijo a Satanás: ¿No has considerado a mi siervo Job, que no hay otro como él en la tierra, varón perfecto y recto, temeroso de Dios y apartado del mal? Respondiendo Satanás a Jehová, dijo: ¿Acaso teme Job a Dios de balde? ¿No le has cercado alrededor a él y a su casa y a todo lo que tiene? Al trabajo de sus manos has dado bendición; por tanto, sus bienes han aumentado sobre la tierra. Pero extiende ahora tu mano y toca todo lo que tiene, y verás si no blasfema contra ti en tu misma presencia. (Jb. 1:7-11)

La fatídica pregunta que tan nefastas consecuencias acarreó para la vida de Job responde a un sarcasmo por parte del Adversario: la Humanidad entera vive al margen de Dios, y la Creación ha fracasado por completo. No hay ninguno que ame a Dios por sí solo, sin recibir nada a cambio. En cuanto al «justo Job», pierda este su riqueza y destrúyase todo lo que ama en el mundo, blasfemará contra Dios en su misma presencia. Job, sin embargo, se mantuvo firme a pesar de su gran pérdida: «Jehová dio, y Jehová quitó; sea el nombre de Jehová bendito» (Jb. 1:21). El drama estaba servido:

Y Jehová dijo a Satanás: ¿No has considerado a mi siervo Job, que no hay otro como él en la tierra, varón perfecto y recto, temeroso de Dios y apartado del mal, y que todavía retiene su integridad, aun cuando tú me incitaste contra él para que lo arruinara sin causa? Respondiendo Satanás, dijo a Jehová: Piel por piel, todo lo que el hombre tiene dará por su vida. Pero extiende ahora tu mano, y toca su hueso y su carne, y verás si no blasfema contra ti en tu misma presencia. (Jb. 2:3-5)

Job, herido con una sarna maligna desde la planta de los pies hasta la coronilla de la cabeza, enmudece de dolor. «Maldice a Dios, y muérete» –le espetó su mujer–, mas aun así Job no pecó con su boca contra Dios. Tres amigos acuden, cada uno de su lugar, para consolarle en su aflicción. Al verle lloran a gritos, rasgan su manto, y esparcen polvo sobre sus cabezas hacia el cielo.

Después de siete días y siete noches sentado en medio de ceniza, Job prorrumpe en un grito desgarrador:

> Perezca el día en que yo nací / Y la noche en que se dijo: Varón es concebido... / ¿Por qué no morí yo en la matriz, / O expiré al salir del vientre?... / ¿Por qué no fui escondido como abortivo, / Como los pequeñitos que nunca vieron la luz? (Jb. 3:3, 11, 16)

Satanás se retira del escenario, satisfecho, es de suponer, con el daño que ha infligido al inocente Job. Pero su obra destructiva no ha hecho más que empezar. A lo largo de los veintinueve capítulos siguientes se produce una lucha dialéctica sin cuartel en la que los tres amigos, escandalizados ante la proclamación de inocencia de Job y su impugnación de la fidelidad de Dios, procuran derribar sus defensas y hacerle confesar su culpa, ya que –dicen– ha añadido soberbia a su iniquidad. Pero si lo hace, habrá sucumbido ante el Acusador, y destruido la reputación de Dios.

Los ataques a la integridad de Job no terminaron ahí. Quedaba el último asalto en boca del joven Eliú antes de que el Señor hablase con Job y respondiese a su temor, y a ello volveremos al final. Mientras tanto quiero contar una experiencia personal.

El libro de Job

El libro de Job revolucionó mi comprensión de la hermenéutica bíblica, por una circunstancia personal que atravesaba. Necesitaba recibir un mensaje de salvación, y lo encontré en la historia de Job. El libro contiene algunos de los pasajes más bellos de la Biblia y para mí, atrapado en una espiral de desesperanza y angustia vital, la historia de Job representaba la posibilidad de encontrar una vía de escape espiritual. He contado la experiencia que precipitó mi caída en depresión en el libro *La palabra suficiente*, así que solo haré aquí una somera mención. La frenética actividad espiritual que me había ocupado tanto en los años estudiantiles como en los equipos de Operación Movilización aquí en España, sin descanso o vacaciones, comenzó a hacer mella en mi estado de salud. El trabajo de la misión, además de la rutina diaria de reuniones y desplazamientos, exigía también la organización de conferencias, frecuentemente impartidas por visitantes extranjeros durante varios días seguidos, y a mí me tocaba realizar una traducción simultánea al castellano, tarea agotadora donde las haya. En la primavera de 1969, extenuado física y emocionalmente, caí en una severa depresión. Recuerdo el día y la hora en que algo se me rompió por dentro, un quebranto que tardaría varios años en superar. Veinte años después sufrí una recaída (a veces no aprendemos las lecciones a tiempo) aunque no tan severa como la anterior, y entonces fue cuando escribí *Desde el torbellino*, una reflexión personal sobre el libro de Job.

Una calurosa mañana del mes de agosto de 1989, un texto de Job saltó de las páginas que hojeaba al azar en busca de ayuda:

> Porque el temor que me espantaba me ha venido, y me
> ha acontecido lo que yo temía. (Jb. 3:25)

El verso pareció haber sido escrito para mí. Redacté en un cuaderno la reflexión que suscitaron aquellas palabras, y seguí leyendo, comentando todos los textos que encontraban eco en mis propios sentimientos. Y así continué, durante siete meses de febril actividad, llenando hojas, en cualquier momento del día o de la noche, en trenes y aeropuertos, de madrugada, antes de comer, después de cenar, en el orden atropellado en el que los textos iban causando impacto en un asombrado lector. De casualidad, también, fue formándose la idea, con el apoyo y ánimo de Francisco Mira, Secretario General de los GBU por aquel entonces, de que aquellas reflexiones pudieran publicarse para la lectura de una página por día durante un año, de ahí que el libro constara de 366 páginas de comentario en total, editado por Andamio Editorial en 1991. La estructura de aquellas meditaciones se debió al motivo que las vio nacer. Tan atropellados fueron mis primeros pasos en el apasionante descubrimiento de Job como lo fueron los primeros amargos parlamentos de este al romper sobre él las olas del mal. Veinte años después revisé aquel texto y ordené los comentarios cronológicamente para facilitar su lectura (Ediciones Camino Viejo, 2012).

La experiencia de Job guarda semejanza con una caída en depresión, donde la realidad interior que vive quien la sufre no corresponde con la realidad objetiva exterior, como entenderá quien haya sufrida tan dura experiencia. Job creyó, erróneamente, que había perdido el favor de Dios y que su Creador se había vuelto contra él. Los amigos venidos de lejos para consolarle creyeron, también erróneamente, que la desgracia de Job se debía a pecados que hubiera cometido y cuando él lo negó le acusaron de soberbia y rebeldía contra Dios. Así estaba servido un drama que ha llegado hasta nosotros como uno de los textos más impresionantes de la Escritura y que ocupa un lugar central en la Biblia no solo matemático sino también teológico y espiritual; y quien haya cuestionado la realidad de su fe o dudado de la bondad de Dios, se verá reflejado en la historia de Job.

Durante aquel tiempo de años malos, al decir de Jacob, y de angustias que diría David, el cielo parecía de cobre, y la Biblia un libro cerrado. No pude leer la historia de Saúl sin sentir miedo, o el sacrificio de Isaac sin que me produjera pavor. Redacté las siguientes líneas para expresar, junto con Job, mis sentimientos a la sazón:

Me quebrantó de quebranto en quebranto;
corrió contra mí como un gigante. (Jb. 16:14)

El terror encerrado en este verso es el de la pesadilla de un niño perseguido y golpeado por un monstruo espantoso. Job experimenta esta sensación tanto en sueños como en vela, en la terrible espiral de una agonía que penetra cada vez más profundamente en las defensas de su propia integridad. ¿Es esta monstruosa visión un fiel reflejo de la realidad de Dios?

La angustia de Job no hace sino aumentar con el paso del tiempo. Es como si capa tras capa de su seguridad y confianza fuesen cruel y dolorosamente arrancadas con cada golpe que le asesta el enemigo: la pérdida de su familia y de su hacienda; la pérdida de sus amigos; la pérdida del respeto de sus conciudadanos; la incomprensión de su mujer; la desfiguración de su cuerpo por la enfermedad; la anulación de sus más entrañables esperanzas; el aniquilamiento de los designios de su corazón. Pero el verdadero quebranto de Job, el «quebranto en quebranto», consiste en la pérdida progresiva e irreversible de su seguridad en Dios.

El no poder mirar a Dios cara a cara, no poder oír su voz, gustar la hiel de su rechazo, ver torcerse todos los conceptos en los que ha basado su vida, desconfiar de los sentimientos más íntimos del corazón, no saber a qué atenerse, a quién creer, en quién confiar, dudar de la posibilidad de remedio alguno, de cura alguna de su mal: es la experiencia del hombre de Dios sometido a angustia y a aflicción.

Constante y creciente es la sensación de desahucio espiritual de la víctima. Cada vez que parece haber tocado fondo, cuando su honda miseria ya no puede dar más de sí, un nuevo golpe, un nuevo quebranto, desmenuza las endebles ilusiones del sufriente. Si se aleja por un instante el gigante, es un retroceso a fin de correr de nuevo contra él.

Sueños en la noche, imaginaciones en el día, temores y aprensiones sin número afligen al justo Job. Pero son, sobre todo, las palabras de sus amigos lo que Job no puede tolerar. ¡Cuán terribles son, a veces, las palabras de los rectos! ¡Cuán lejos, a veces, de la verdad están las palabras impecables! ¡Cuán cerca de la mentira satánica están, a veces, las bienintencionadas verdades de los hombres!

Afortunadamente para Job, Dios no es así, y pronto llegará el día cuando Él mismo sanará al quebrantado de corazón.

A la vez que descubrí el libro de Job me encontré, también, con la historia del piadoso poeta William Cowper, colaborador con John Newton, el esclavista convertido a Cristo y autor de *Amazing Grace*, entre otros muchos himnos, en la iglesia de Olney. La experiencia de Cowper caló hondo en mí, ya que entendí perfectamente el dilema que a punto estuvo de llevarle a la destrucción.

La historia de William Cowper

La historia se remonta a un episodio que tuvo lugar en 1763. William Cowper, destacado poeta de ascendencia aristocrática, era un hombre piadoso que se sintió culpable de males que nunca cometió, y se identificó con la desgracia de Job en los momentos más oscuros de su vida. Una vez terminada la carrera, por mediación de un primo suyo, Cowper tuvo la posibilidad de ocupar un puesto administrativo en la Cámara de los lores, cuyo titular estaba enfermo a la sazón. El titular murió, el puesto quedó vacante y le fue ofrecido a Cowper. Este hecho adquirió notoriedad y llegó a ser objeto de debate en la propia Cámara como caso de nepotismo. Se determinó que Cowper tendría que someterse a una oposición.

El efecto en William fue devastador. La publicidad negativa y sobre todo la idea de un examen público hicieron mella en su débil autoestima, y Cowper empezó a derrumbarse emocionalmente. No sería la última vez. Cuando acudía a las dependencias de la Cámara para preparar el examen, los funcionarios le miraban con desprecio, sometiéndole al ostracismo. Se marchó a Margate, una ciudad de veraneo al sur de la capital, en busca de reposo. Le invadió un profundo sentimiento de indignidad, se veía pecador, y se despertaron todos los demonios alojados en el fondo de su ser. Desesperado, acudió a un médico. ¡Terrible error! ¡Acudió a un médico en vez de acudir a Dios, lo mismo que había hecho el rey Saúl, que consultó a la adivina de Endor en vez de consultar al Señor! Cowper se vio ahora perdido. Decidió suicidarse.

Faltaba una semana para el comienzo del examen público. Sentado en un salón de café en Fleet Street para tomar el desayuno, un artículo publicado en el periódico llamó su atención.

Parecía haber sido escrito pensando en él. ¡Le instaba a tomar su propia vida! Se marchó a comprar una ampolla de láudano. Decidió arrojarse al Támesis, pero la marea había bajado. Quiso clavarse un cortaplumas, pero el instrumento se rompió. Trató de colgarse de una viga en su habitación, pero la cuerda cedió. Cowper cayó de bruces y su sirviente lo encontró inconsciente en el suelo. Avisado por el sirviente, su tío Ashley Cowper le fue a recoger. «Tú no puedes ocupar este cargo» —le dijo. Para Cowper eran palabras de salvación. Pero su alivio duraría poco. Tenía terror del juicio de Dios y sentía odio hacia sí mismo. Se veía a sí mismo peor que Judas; era la higuera que maldijo Jesús; e hizo suyas las palabras de Job con las que este culpó a Dios:

> Me quebrantó de quebranto en quebranto;
> corrió contra mí como un gigante. (16:14)

Había cometido el pecado imperdonable. Estaba condenado para toda la eternidad. Cowper fue internado en un manicomio en St. Alban's, donde volvió a intentar el suicidio. Su estado oscilaba entre la euforia y la serenidad. El director del asilo, el Dr. Nathaniel Cotton, era un creyente bondadoso que ayudó a Cowper a reencontrar la fe. Un día, leyendo en Romanos 3:25, Cowper sintió cómo su alma era invadida por una intensa luz. El texto hablaba de Cristo «a quien Dios puso como propiciación por medio de la fe en su sangre, para manifestar su justicia, a causa de haber pasado por alto, en su paciencia, los pecados pasados». Le invadió una sensación de euforia que durante unos días tuvo en vilo al propio Dr. Cotton. Pero la experiencia no fue una quimera, aunque las negras nubes de la depresión y la demencia volverían más adelante con renovada fuerza. En esta etapa es cuando compuso un conocido himno que reflejaba su particular visión de la vida:

Aparte del mundo, Señor, me retiro,
De lucha y tumultos ansioso de huir,
De escenas de horror, do Satán victorioso
Extiende sus redes y se hace servir.

Después de pasar más de un año en el asilo y con la estabilidad emocional recuperada, Cowper se trasladó a Huntingdon, no lejos de Cambridge, para estar cerca de un hermano suyo. Allí fue recibido en la casa de un clérigo evangélico retirado, el reverendo Morley Unwin, que procuró hacer apacible la vida de su nuevo huésped. Tras la muerte de Unwin en un accidente, su viuda, Mary Unwin, se trasladó a Olney, en el condado de Buckinghamshire, con sus hijos y con Cowper, invitada por el extraficante de esclavos John Newton. Cowper había trabado una amistad profunda con Mary durante sus largos paseos por la campiña de Huntingdon, y veía en ella la madre que perdió en su infancia. Mary Unwin tenía 41 años a la sazón y Cowper, 37.

Una vez en Olney, Cowper colaboró con Newton de manera incansable en la visitación de los parroquianos, en los cultos de oración, en la labor pastoral y, especialmente, en la composición de himnos. Mary Unwin, por su parte, ayudaba en el canto, ya que poseía una voz notablemente musical. Pero una sombra se asomó al horizonte. A pesar del carácter evidentemente platónico de la amistad que le unía con Mary, no tardaron en surgir rumores acerca de la relación entre Cowper y la atractiva viuda, Mrs. Unwin. Newton, sin embargo, los defendió enérgicamente y se negó a obligarles a abandonar su casa. El hecho disgustó a Cowper y contribuyó a un declive progresivo de su salud.

El 1 de enero de 1773, el día en que se presentó por primera vez en la iglesia de Olney *Amazing Grace*, el himno más célebre de Newton y uno de los más famosos del mundo, Cowper tuvo una premonición de desastre inminente. Preso de delirio y terror, no volvió a poner su pie en la iglesia de Olney. Comenzaron las alucinaciones y una pesadilla recurrente en la que oía la voz de Dios que le decía: *Actum est de te, periiste*, que él interpretó como «Se acabó contigo, pereciste». Durante el largo período de su lenta convalecencia, Cowper pasaba los días cultivando su huerto y cuidando de los pequeños animales que la gente del pueblo le iba llevando: liebres, conejos, urracas y arrendajos, en cuya compañía se entretenía. Cowper sonrió por primera vez, dieciséis meses después de la embestida de su última gran crisis, al echar de comer a las gallinas, según el testimonio de Newton.

La historia de Cowper encontró eco en mi propia experiencia y aún hoy, al recordar aquellos días, meses y años, me entra un desasosiego difícil de evitar. En mi propio caso me fue de ayuda un médico cristiano, el Dr. Kinnear, y la presencia y apoyo de Verna en un tiempo muy difícil para ella también, como era de esperar. A nosotros, también, nos ayudaron los paseos por el campo en busca de nidos de pájaros, y la presencia del pequeño petirrojo que parecía que nos acompañaba.

Ahora, para terminar, volvemos al desenlace del libro de Job.

El desenlace del libro de Job

Cuando el drama de Job se acercaba a su fin, quedaba la parte más comprometida del libro, su polémico desenlace. Agotados los intentos de los tres amigos de quebrantar la voluntad de Job, entra en escena un cuarto locutor, llamado Eliú, más joven y osado que ellos, y muy seguro de sí mismo:

> Cesaron estos tres varones de responder a Job, por cuanto él era justo a sus propios ojos. Entonces, Eliú hijo de Baraquel buzita, de la familia de Ram, se encendió en ira contra Job; se encendió en ira, por cuanto se justificaba a si mismo más que a Dios. (Jb. 32:1-2)

> De su boca saldrán llamas de fuego en contra de Job: «Respóndeme, si puedes; / Ordena tus palabras, ponte en pie. / Heme a mí en lugar de Dios…». (Jb. 33:6)

¿Tiene razón Eliú en lo que dice? Sus palabras son finas, coherentes, elocuentes y fogosas. Pero ¿son acertadas? La crítica está dividida.

El comienzo de los discursos de Eliú no podría ser más llamativo, pues el narrador destaca en primer lugar su fuerte ira. Por cuatro veces se pronuncia la frase: «se encendió en ira». Y el blanco principal de su encendida ira es Job. Aquí tenemos el primer dato incontrovertible: después de días, semanas, meses, en presencia del dolor indescriptible de Job, la reacción de Eliú es inequívoca: está muy disgustado con él. Eliú no tiene duda: Job es culpable. ¿Tiene razón? ¿Es Job justo a sus propios ojos? ¿Se justifica a sí mismo más que a Dios? La respuesta a ambas preguntas es: sí, y no. Job es justo a sus propios ojos, y con razón. El repaso de su vida anterior (cap. 29), revela la verdadera piedad de un hombre recto, paradigma de la perfección. Dios mismo considera «perfecto y recto» a Job: ¿no es este el motivo por el que el

Enemigo se ensañó con él? Al mismo tiempo, el justo Job es un hombre temeroso de Dios, conocedor de su propia indignidad, que se refugia en la misericordia de Dios. Job, por acción directa de Satanás, desde las cumbres doradas de una moralidad digna del Sermón de la Montaña, cae al abismo de la desesperación. No entiende la razón de Dios, ni discierne propósito alguno en su aflicción. Al aferrarse a su propia integridad, pone en tela de juicio la sabiduría y bondad de Dios. Pero Job reconoce la mano de Dios en su mal, y percibe la responsabilidad de Dios en todo lo que le acaece. Lo único que desea Job es descubrir, ensalzar y glorificar la razón de Dios.

El largo parlamento de Eliú es muy duro. Le llama a Job inicuo, hipócrita, impío, malo y vano. Su discurso termina así:

> En Dios hay una majestad terrible.
> Él es Todopoderoso, al cual no
> alcanzamos, grande en poder;
> Y en juicio y en multitud de justicia no afligirá.
> Lo temerán por tanto los hombres;
> Él no estima a ninguno que cree en su
> propio corazón ser sabio. (Jb. 37:22-24)

El aliento abrasador de Eliú, sin asomo de compasión o misericordia, culmina, a mi juicio, la malévola estrategia satánica que, primero en lo material, luego en lo físico, y finalmente en lo moral y espiritual, ha tenido como objetivo conseguir que Job renuncie a la justicia que le ha otorgado Dios, y se pierda para siempre. Desde la fatídica voz de su mujer, pasando por los intentos tan erróneos como desesperados de sus tres amigos, hasta la calculada intencionalidad de Eliú, la conciencia de un hombre justo, asediado, perseguido y acorralado espera el veredicto de su Juez. ¿Es delito cuestionar a Dios, vaciar el alma en angustia y aflicción? ¿Es rebeldía invocar la voz de Dios? Job pronto tendrá la respuesta.

La respuesta divina

> Entonces respondió Jehová a Job desde un torbellino...
> (Jb. 38:1)

No cabe metáfora más apropiada para situar la presencia de Dios que, aparentemente impasible, ha escuchado los atormentados discursos de Job. *Entonces...* En el momento justo, ni antes ni después. Dios conoce el límite de nuestra capacidad de soportar la prueba. Aunque el hombre se doble ante el viento huracanado, aunque se derrumbe emocional o psicológicamente, Dios nunca permite que su fe sea destruida. *Entonces respondió...* Dios siempre responde. De una u otra manera, Él contesta los interrogantes más profundos de los hombres. El que busca, halla, y Dios no defrauda nunca la búsqueda sincera del hombre. *Entonces respondió desde un torbellino...* La vida de Job ha sido arrasada por un torbellino anímico y espiritual. Todo ha sido alcanzado por el vendaval: familia, bienes, reputación, bienestar; todo menos su integridad e inquebrantable fe en Dios. Pero Jehová le ha acompañado siempre, oculto y silencioso en medio del huracán, y allí ha sostenido su pie. La voz de Dios es un susurro, pero habla desde el torbellino de nuestras vidas, y mientras ruge la tormenta y el mundo se estrella contra las defensas de nuestro ser, Dios está ahí, y responde.

Así es como anticipé la respuesta de Jehová a Job al encarar el final del libro. Sus palabras, sin embargo, no pudieron ser más desconcertantes.

¿Quién es ese que oscurece el consejo con palabras sin sabiduría? (Jb. 38:2)

Estas palabras son susceptibles de tan dispar interpretación que, según como las entendamos, el libro de Job significa dos cosas diametralmente opuestas: Jehová defiende a Job; o Jehová reprende a Job y ratifica el juicio de sus detractores. ¿Cómo podemos entenderlas? Nos asiste el lenguaje del narrador: *Entonces respondió Jehová a Job…* La opinión general sostiene que el primer gran discurso del Señor va dirigido contra Job, y constituye una cura de humildad para su soberbio antagonista. Tres consideraciones, a nuestro juicio, desaconsejan dicha interpretación. Si el primer discurso va dirigido contra Job, Jehová da la razón a los tres amigos, a Eliú, y en último término, a Satanás. Todos los detractores de Job han insistido en su culpabilidad moral. Eliú había dicho que Job añadió a su iniquidad inicial la rebeldía de su arrogante palabrería. Pero si esto es cierto, Satanás ha ganado su apuesta, y Job no es más que un rebelde desagradecido. Si Jehová dirige su discurso contra Job, defrauda las expectativas de este expresadas a lo largo de su agonía, reiteradas en su apelación final: «He aquí mi confianza es que el Omnipotente testificará por mí, / Aunque mi adversario me forme proceso» (Jb. 31:35).

¡Qué amargo desengaño para Job! El adversario formó proceso, pero Jehová no salió en su defensa. Al contrario: el Creador asiente a la denuncia de Eliú; Job no tiene Vindicador; Dios no está con él. El texto, a nuestro juicio, debe entenderse de otra manera. La frase «Jehová respondió a Job» solo puede significar que Jehová respondió a la plegaria de Job, contestó su petición y testificó a favor de su siervo. La respuesta divina no constituye el golpe final a su mente asediada, sino la defensa sin reservas de su integridad. Si Job es quien con sus necias palabras ha oscurecido los designios de Dios, ¿cuál es, entonces, el valor de ellas? A nuestro juicio las palabras de Job han sido impecables, honestas y admirables. Han revelado el alma de un hombre que ama a Dios y se siente engañado. Han revelado un mundo; han iluminado los designios de Dios.

La pregunta de Jehová no se ha formulado, claro está, después del último discurso de Job, sino tras la vehemente intervención de Eliú, ese joven que habló en nombre de Dios, en lugar de Dios, y pretendió impartir la sabiduría de Dios al necio corazón de Job. Los largos discursos de Eliú han sumido a Job en densa oscuridad, le han acercado al borde de un abismo. Las palabras de Eliú, frías y vacías de compasión, no esclarecieron ni por un instante la verdadera situación de Job. Oscurecieron el consejo de Jehová, negando la valoración de Jehová acerca de su siervo. Detrás de la actuación de Eliú se esconde un siniestro Ser que Dios se presta a desenmascarar, el dios de este siglo, que cegó el entendimiento de los hombres (2 Co. 4:4).

Los discursos de Jehová, tan bellos como complejos, han puesto al descubierto la identidad del Engañador. Job, anonadado por la presencia del Creador, a punto está de sucumbir a la tentación de callarse para siempre. Pero el Vindicador no consentirá que sucumba, y el libro llega a su final:

Respondió Job a Jehová y dijo:
Yo conozco que todo lo puedes,
Y que no hay pensamiento que se esconda de ti.
¿Quién es el que oscurece el consejo sin entendimiento?
Por tanto, yo hablaba lo que no entendía;

Cosas demasiado maravillosas para
mí, que yo no comprendía.
Oye, te ruego, y hablaré;
Te preguntaré, y tú me enseñarás.
De oídas te había oído;
Mas ahora mis ojos te ven.
Por tanto me aborrezco,
Y me arrepiento en polvo y ceniza. (Jb. 42:1-6)

Job ha visto la luz, y los horizontes de su mente, oscurecidos por un enemigo implacable, han sido despejados para siempre. En presencia de la Divinidad, Job se siente pecador (como Pedro en la barca en presencia de Jesús). Pero Dios tendrá la última palabra, y cumplirá el anhelo que su siervo Job había expresado así: «Yo sé que mi Redentor vive, / Y al fin se levantará…» (Jb. 19:25):

Y aconteció que después que habló Jehová estas palabras a Job, Jehová dijo a Elifaz temanita: Mi ira se encendió contra ti y tus dos compañeros; porque *no habéis hablado de mí lo recto, como mi siervo Job.* Ahora, pues, tomaos siete becerros y siete carneros, e id a mi siervo Job, y ofreced holocausto por vosotros, y mi siervo Job orará por vosotros; porque de cierto a él atenderé para no trataros afrentosamente, por *cuanto no habéis hablado de mí con rectitud, como mi siervo Job.* Fueron, pues, Elifaz temanita, Bildad suhita y Zofar naamatita, e hicieron como Jehová les dijo; y Jehová aceptó la oración de Job. Y quitó Jehová la aflicción de Job cuando él hubo orado por sus amigos; y aumentó al doble todas las cosas que habían sido de Job. (…) Y bendijo Jehová el postrer estado de Job más que el primero… (Jb. 42:10-12)

El descubrimiento del libro de Job abrió mis ojos para entender que en el corazón mismo de la Biblia se encuentra un libro que gira en torno a la visión distorsionada de la realidad, y que la clave de su interpretación se encuentra en Cristo. Escribió Santiago:

Hermanos míos, tomad como ejemplo de aflicción y de paciencia a los profetas que hablaron en nombre del Señor. He aquí, tenemos por bienaventurados a los que sufren. Habéis oído de la paciencia de Job, y habéis visto el fin del Señor, que el Señor es muy misericordioso y compasivo. (Stg. 5:10-11)

Job era profeta; habló en el nombre del Señor; y el fin de su «paciencia» demuestra que el Señor es muy misericordioso y compasivo. El apóstol no se refiere aquí a la bendición material que Job recibió después, o a la recuperación de su salud física, sino a la vindicación de su fe. Aquellas bendiciones no le fueron concedidas porque confesara pecados inexistentes, claro está, sino cuando hubo orado por sus amigos.

El apóstol Pablo, íntimo conocedor de la vindicación de Dios, escribió estas sublimes palabras:

¿Qué, pues, diremos a esto? Si Dios es por nosotros, ¿quién contra nosotros? El que no escatimó ni a su propio Hijo, sino que lo entregó por todos nosotros, ¿cómo no nos dará también con él todas las cosas? ¿Quién acusará a los escogidos de Dios? Dios es el que justifica. ¿Quién es el que condenará? Cristo es el que murió; más aún, el que también resucitó, el que además está a la diestra de Dios, el que también intercede por nosotros. ¿Quién nos separará del amor de Cristo? ¿Tribulación, o angustia, o persecución, o hambre, o desnudez, o peligro, o espada? Como está escrito:

Por causa de ti somos muertos todo el tiempo;
Somos contados como ovejas de matadero.

Antes, en todas estas cosas somos más que vencedores por medio de aquel que nos amó. Por lo cual estoy seguro de que ni la muerte, ni la vida, ni ángeles, ni principados, ni potestades, ni lo presente, ni lo por venir, ni lo alto, ni lo profundo, ni ninguna otra cosa creada nos podrá separar del amor de Dios, que es en Cristo Jesús Señor nuestro. (Ro. 8:31-39)

La última palabra corresponde al Señor Jesús: «Simón, Simón, he aquí Satanás os ha pedido para zarandearos como a trigo; pero yo he rogado por ti, que tu fe no falte; y tú, una vez vuelto, confirma a tus hermanos» (Lc. 22:31-32).

Hay quien encuentra en la historia de Job alivio en tiempos de la enfermedad física. En su autobiografía titulada *Libro de la Vida*, Teresa de Ávila cuenta cómo en medio de los dolores insoportables de una dura enfermedad se sintió confortada por la experiencia de Job y que dio gracias a Dios por la paciencia que le dio. Escribió: «Mucho me aprovechó para tenerla haber leído la historia de Job en los *Morales* de san Gregorio, que parece que previno el Señor con esto… Traía muy ordinario estas palabras de Job en el pensamiento, y decíalas: "Pues recibimos los bienes de la mano del Señor, ¿por qué no sufriremos los males?"».

En mi propio caso la necesidad era otra, y los ataques externos que sufrió el patriarca han sido, para mí, las voces internas de la duda y la descalificación que nos paralizan, a veces, y nos sumen en el desánimo y la desazón.

Espero que a través de estas reflexiones veamos que no estamos solos, y con el paciente Job conozcamos, a pesar de nuestros temores, la vindicación de Dios.

Colofón

Después de compartir este texto en el retiro de Los Naranjos, me encontré con una sabia recomendación de Pero López de Ayala en su extraordinario *Rimado de Palacio*:

El buen predicador, si puede aprovechar,
Deve siempre decir e non debe çesar;
Mas, si ve que de balde espiende su fablar,
Tenga entonces silencio, non cure sermonear.

La cita de *Rimado de Palacio* no es del todo caprichosa ya que buena parte de la obra de Pero López de Ayala (1332–1407), poeta, historiador y canciller mayor de Castilla entre otros muchos cargos políticos y distinciones sociales, se basa en los comentarios morales de san Gregorio al libro de Job, un texto que López de Ayala tradujo y versificó. Aficionado como Teresa a los libros de Caballerías en su juventud, llegó a ser un gran conocedor de la Biblia y de obras clásicas de la antigüedad. Viene a cuento la mención de las *Moralia* de san Gregorio (c. 540–604), ya que ni Gregorio ni Pérez de Ayala asumieron las tesis favorables a la figura de Eliú, como reza esta perspicaz denuncia:

Aqueste fablar que Heliú ha mostrado
fue con orgullo e soberbia todo imaginado;
por ende, Sant Gregorio, aquesto razonado,
dice que non debe nin punto ser loado.

A lo que solo me queda decir: Amén.

Lo cierto es que el asunto de Eliú va más allá de un ejemplo de soberbia o insensibilidad sino afecta a nuestra comprensión del evangelio. Job es una figura cristológica y, por tanto, su sufrimiento inocente prefigura el del propio Jesús. Atacarle como hizo Eliú es ponerse del lado del enemigo que hundió a Job en la miseria y a punto estuvo de destruir su fe.

Stuart Park
Los Naranjos, mayo de 2024

SEGUNDA PARTE · PABLO MARTÍNEZ VILA

Aun en la vejez fructificarán

Introducción

La vejez es un camino sobre la fragilidad, pero fragilidad no es lo mismo que debilidad. La porcelana y el cristal fino son frágiles, pero precisamente en esta fragilidad radica su belleza. El propósito de esta segunda parte del libro es descubrir que, como leemos en Proverbios, «la hermosura de los ancianos es su vejez».

Durante más de cuatro décadas he podido escuchar, tratar y convivir con muchas personas mayores, ya sea en la intimidad de mi consulta profesional, en la vida de iglesia o en el día a día. Muchos hombres y mujeres me han abierto su corazón y me han permitido conocer de cerca sus necesidades, sus temores, sus alegrías, sus ilusiones y decepciones. Esta convivencia —encuentro— con personas mayores ha sido para mí una auténtica escuela de vida. Ha ido dejando un poso de conocimiento *experiencial*, un rico patrimonio que ahora deseo compartir con los lectores.

El propósito de este libro es eminentemente pastoral. Para otra ocasión queda un trato más exhaustivo de los problemas emocionales del anciano (depresión, ansiedad) que requieren toda una obra por sí solos. Mi deseo aquí es, en palabras de Pablo, *edificar, consolar y afirmar*. Pienso sobre todo en aquellos que llegan al otoño de la vida *trabajados y cargados*. No es infrecuente encontrar este ánimo desgastado entre la gente mayor. Llegan cansados y decepcionados, golpeados por los sinsabores y los disgustos de la vida. Comparten el sentir de Unamuno, en cuya tumba en Salamanca se puede leer: «Acógeme, Padre, en tu seno pues vengo fatigado del mucho bregar».

Al escribir estas páginas no tengo en mente solo a los «trabajados y cargados», sino a toda persona mayor porque *todos*, nos sintamos bien o mal, necesitamos saber vivir la vejez. Y esto no es algo automático o espontáneo: es el resultado de una vivencia que tiene por meta la «renovación del hombre interior», renovación que se torna más necesaria a medida que «el exterior», el cuerpo, se va desgastando.

Además de «edificar, consolar y afirmar», debo añadir otro propósito a este escrito: *prevenir, preparar*. Esta obra va dirigida también a los jóvenes. Sí, por sorprendente que parezca, los jóvenes necesitan prepararse para ser viejos. Este aprendizaje años antes de que llegue la ancianidad tiene un *valor preventivo*: evitar las crisis que con frecuencia aparecen a partir de la jubilación, cuando el cese brusco de la actividad profesional supone una crisis de identidad y la persona descubre que no sabe quién es ni dónde está en el viaje de la vida.

En cuanto al contenido, he usado dos metáforas para explicar el meollo de mi reflexión. Las ilustraciones siempre nos ayudan a entender mejor y a recordar más los conceptos. La metáfora del triángulo (ser-estar y hacer) nos ayuda a tener una visión panorámica de la vida, lo que podríamos llamar *una vejez con vistas.* Con la segunda ilustración, *la caja de herramientas del anciano,* buscamos describir las necesidades y los recursos para vivir la vejez con dignidad y propósito: adaptación, ilusión y esperanza (¡el «a-e-i» del anciano feliz!).

En todo momento procuramos que la base de nuestra reflexión sea el faro iluminador de la Palabra de Dios, «lámpara a mis pies y lumbrera a mi camino». La sabiduría divina potencia el conocimiento humano en una sinergia admirable. Por esta razón empezamos considerando brevemente la «teología de la vejez», o mejor aún, la vejez según el corazón de Dios, y concluimos con un epílogo imprescindible: la gracia de Cristo que hace posible lo que humanamente es imposible.

Por último, esta introducción estaría incompleta sin una palabra de gratitud al «padre» de esta obra, Stuart Park. Cuando me pidió escribir juntos este libro, no lo dudé en ningún momento. Por dos razones: en primer lugar, porque detectamos una necesidad, un vacío en la literatura evangélica en español sobre este tema. El clásico de Paul Tournier *Aprendiendo a envejecer,* escrito hace ya 60 años, es una obra magnífica, pero no cubre algunos aspectos esenciales que hemos intentado desarrollar en *Vivir la vejez.*

La segunda razón para aceptar su invitación es de tipo personal. Considero a Stuart como uno de mis mejores amigos. Ha estado a mi lado en los momentos más difíciles (él mismo lo ha referido en su introducción) y también juntos hemos disfrutado algunos de los momentos más hermosos. Recuerdo en especial un viaje con John Stott al Coto de Doñana (¡compartimos juntos la afición por la «orni-teología»!). Aquellos tres días memorables forjaron lazos muy fuertes que el tiempo no ha hecho más que consolidar y estrechar. Fue Stuart quien prologó mi primer libro, *Abba, Padre: Teología y psicología de la oración,* escrito juntamente con mi padre. Y ahora es para mí un honor y un privilegio compartir la autoría de esta obra con quien considero un maestro de las palabras y de la Palabra.

Es mi deseo que el lector descubra que hay mucha vida en el otoño de la vida y que vejez no es lo mismo que senilidad. En esta línea, el libro de Stuart Park, *Las siete edades del hombre,* es un excelente complemento a nuestra reflexión.

Mi oración es que al acabar este libro el lector pueda hacer suyas de todo corazón estas palabras de Pascal: «Oh, Señor, no te suplico ni salud ni enfermedad, ni vida ni muerte, sino que tú dispongas de mi salud y de mi enfermedad, de mi vida y de mi muerte para gloria tuya».

04

El cuadro bíblico de la vejez:

no fuimos creados para envejecer

«El buen envejecer no consiste en añadir años a la vida, sino vida a los años». «No podemos glorificar la vejez, pero sí podemos descubrir aspectos gloriosos en el anciano». «La verdadera fortaleza no está en el cuerpo, sino en el corazón».

Si estos pensamientos están a menudo en tu mente es que has aprendido a envejecer. Por el contrario, si te vas repitiendo frases como: «Me gustaría hacer muchas cosas, pero ya no puedo, los años me lo impiden». «El mundo es de lo jóvenes». «¿Qué puedo esperar yo a mi edad?». «Me da miedo envejecer». «Me siento un estorbo para mi familia», entonces necesitas aprender a vivir la vejez.

Y te preguntarás sorprendido: «¿Acaso se puede aprender a ser viejo?». Sí, se puede y es necesario. Hay vida en el otoño de la vida, una vida distinta a la del verano o la primavera, pero una vida que puede ser fructífera y abundante.

La vejez es como un viaje a una tierra desconocida y nueva. Ramón y Cajal, en su libro *El mundo visto a los 80 años,* llamaba a esta tierra «vejecia». Y antes de hacer un viaje, lo natural es prepararnos. Así ocurre con nuestro «viaje a vejecia», tierra de peligros, pero también de oportunidades.

La Palabra de Dios nos confirma que aprender a vivir la vejez *no solo es posible, sino recomendable.* «Enséñanos de tal modo a contar nuestros días que traigamos al corazón sabiduría» (Sal. 90:12). Así ora Moisés en uno de los salmos más apreciados por su visión realista de la vida. Igualmente, Pablo habla de «estar enseñado en todo y por todo» (Flp. 4:12).

Cómo prepararnos para «el viaje a vejecia» constituye el tema central de esta segunda parte del libro. Este aprendizaje abarca no solo la *preparación para el viaje,* sino también la *adaptación durante el viaje* en sus distintas etapas. Por esta razón nos atrevemos a decir que la lectura de esta obra es conveniente no solo para los mayores, sino también para los jóvenes. Si llegamos a «vejecia» con los deberes hechos, será más fácil vivir en esta tierra nueva y disfrutar de las cosas buenas que nos puede ofrecer.

En este aprendizaje, y sobre todo una vez instalados en «vejecia», no estamos solos. Los recursos divinos, en especial la gracia de Cristo que nos hace fuertes en la debilidad, nos permiten afrontar la vejez con la convicción del apóstol: «Mi Dios, pues, suplirá todo lo que os falta conforme a sus riquezas en gloria en Cristo Jesús» (Flp. 4:19).

Estas alentadoras palabras de confianza son nuestro lema y nuestra oración al afrontar esta etapa de la vida.

La Biblia nos enseña no solo a vivir sabiamente, sino a envejecer sabiamente. Los ancianos están en el corazón de Dios, por ello en su Palabra encontramos mucha luz sobre la vejez, su significado, su valor y cómo afrontarla. Esta perspectiva bíblica nos proporciona el marco imprescindible de nuestra reflexión como cristianos. Por esta razón queremos empezar con unas breves consideraciones sobre la **teología de la vejez**.

La vejez no es natural: no fuimos creados para envejecer y morir

La vejez no es natural, de hecho, es lo más antinatural que existe. Esta afirmación puede parecer sorprendente, incluso un tanto provocativa. La creencia habitual va justo en la línea opuesta y se podría resumir en la frase del filósofo existencialista alemán Martin Heidegger: «Existimos para morir».

Los cristianos no podemos aceptar este enfoque de la vida y de la muerte porque no refleja la intención con la que Dios creó al ser humano. *La vejez es normal* en el sentido estadístico –nos afecta a todos–, *pero no es natural* porque va en contra de nuestro anhelo más profundo, el anhelo de eternidad. A la luz de la Biblia, Heidegger está profundamente equivocado. *No fuimos creados para envejecer y morir, sino para vivir eternamente* como nos recuerda el autor de Eclesiastés: Dios «ha puesto eternidad en el corazón del hombre» (Ec. 3:11).

El proceso de deterioro que lleva a la vejez y a la muerte es la consecuencia de la entrada del Pecado en el mundo y, como tal, un cuerpo extraño en la creación de Dios. El deterioro no existía antes de la caída porque no había Pecado. En el Salmo 90, un breve pero profundo tratado sobre la transitoriedad de la vida, Moisés traza esta relación causa-efecto: «Porque todos nuestros días declinan a causa de tu ira; acabamos nuestros años como un pensamiento» (Sal. 90:9).

El apóstol Pablo, en su epístola a los Romanos, nos amplía esta correlación y la pone en una perspectiva más amplia bajo el foco luminoso del evangelio: «Mas ahora que habéis sido libertados del pecado y hechos siervos de Dios, tenéis por vuestro fruto la santificación, y **como fin, la vida eterna**. Porque la paga del pecado es muerte, mas la dádiva de Dios es vida eterna en Cristo Jesús Señor nuestro» (Ro. 6:22-23).

La vejez es una oportunidad: el despertador de Dios

Por lo dicho hasta aquí podríamos pensar que la vejez es algo absurdo, sin sentido. Nada más lejos de la realidad. Precisamente porque es una anomalía, un cuerpo extraño en la creación, la ancianidad es una gran oportunidad para reflexionar sobre el sentido de la vida y de la muerte. La sabiduría del Eclesiastés nos aconseja: «En el día del bien goza del bien: y en el día de la adversidad considera, reflexiona» (Ec. 7:14).

El envejecimiento nos puede acercar a Dios porque nos recuerda la fragilidad de la vida y nos avisa de que algo funciona mal en nuestro mundo y en nuestra propia vida. Viene a ser como el *despertador de Dios*. Como escribió el apologeta cristiano C. S. Lewis: «Dios nos susurra en el placer; nos habla en voz alta a través de la conciencia y nos grita en el sufrimiento». En este sentido podríamos hablar del valor evangelístico de la vejez. El evangelio es el plan alternativo que Dios ha provisto al deterioro y la muerte porque el evangelio —las palabras de Cristo— son vida en abundancia y vida eterna.

Un deterioro con esperanza: claves de una vejez serena y en paz

Si la vejez no refleja el deseo original de Dios para este mundo y es una consecuencia más del sufrimiento por el Pecado, entonces es lógico que produzca en nosotros un cierto rechazo, como una *rebeldía a envejecer*. No queremos hacernos viejos.

No es extraño que hombres poderosos y ricos como Jeff Bezos dediquen sumas ingentes de dinero a programas de investigación sobre la vejez. El año 2022, el magnate propietario de Amazon invirtió 3000 millones de dólares en una empresa de reprogramación celular para no envejecer y fichó a prestigiosos premio Nobel para llevar a cabo el proyecto. «Un misterioso laboratorio en busca de la vida eterna» titularon los periódicos. El sueño de Bezos anida en todos nosotros porque el anhelo de inmortalidad palpita en el corazón humano desde su creación. Pero la llave de la eternidad no la tiene la ciencia, la tiene el «único y sabio Dios, Rey de los siglos, inmortal e invisible» (1 Ti. 1:17).

El deterioro progresivo del cuerpo produce frustración y dolor. El capítulo 8 de Romanos nos da mucha luz sobre esta «frustración» –el vacío, la tensión, el dolor– causado por cualquier forma de sufrimiento incluidos los achaques de la vejez:

Porque la creación fue sujetada a frustración (vanidad) y sabemos que toda la creación gime a una, y a una está con dolores de parto hasta ahora; y no solo ella, sino que también nosotros mismos, que tenemos las primicias del Espíritu, nosotros también gemimos dentro de nosotros mismos, esperando la adopción, la redención de nuestro cuerpo. Porque en esperanza fuimos salvos (Ro. 8:21-24).

Aquí tenemos el cuadro bíblico de la vejez resumido en tres palabras: **gemidos, redención (liberación) y esperanza**. Son las tres claves para una vejez serena y en paz. Gemimos porque la vejez supone frustración, pero gemimos con esperanza sabiendo que un día este cuerpo viejo y deteriorado será liberado (*redimido*) y transformado en el cuerpo glorioso e incorruptible para el que Dios lo diseñó. Así lo afirma Pablo: «Porque sabemos que si nuestra morada terrestre, este tabernáculo, se deshiciere, tenemos de Dios un edificio, una casa no hecha de manos, eterna, en los cielos» (2 Co. 5:1).

Esta luminosa perspectiva nos ayuda a enfocar la vejez con serenidad y en paz sabiendo que *en el cielo no habrá vejez* ni los achaques propios del deterioro de la vejez. Así nos lo describe uno de los pasajes más consoladores de la Biblia, Apocalipsis 21:1, 3-4:

Vi un cielo y una tierra nuevos; porque el primer cielo y la primera tierra pasaron… Y oí una gran voz del cielo que decía: He aquí el tabernáculo de Dios con los hombres, y él morará con ellos; y ellos serán su pueblo, y Dios mismo estará con ellos como su Dios.

Enjugará Dios toda lágrima de los ojos de ellos; y ya no habrá muerte, ni habrá más llanto, ni clamor, ni dolor; porque las primeras cosas pasaron. Y el que estaba sentado en el trono dijo: He aquí, yo hago nuevas todas las cosas.

La vejez también es hermosa: «Corona de honra es la vejez»

Llegados a este punto estamos en condiciones de ver y vivir el otoño de la vida desde una perspectiva muy distinta: la vejez también es hermosa. *Ser viejo no es bueno en sí mismo, pero Dios puede hacer hermosa la vejez.*

Hasta aquí hemos considerado el lado oscuro de la ancianidad. El retrato de la Biblia es muy realista y no podemos idealizar la vejez. Sin embargo, hemos visto solo una cara del cuadro; hay otra visión tan cierta como distinta de la ancianidad, una perspectiva que nos levanta el ánimo y nos llena de gozo. Las Escrituras nos hablan de la hermosura de la vejez: «La gloria de los jóvenes es su fuerza y la hermosura de los ancianos su vejez» (Pr. 20:29). Y también: «Corona de honra es la vejez» (16:31).

No podemos glorificar la vejez, pero sí podemos descubrir aspectos gloriosos en el anciano. Ya decíamos en la Introducción que fragilidad no es lo mismo que debilidad ni, mucho menos, inutilidad. De la misma manera que las pepitas de oro se encuentran en el fango, también podemos encontrar perlas en la fragilidad del anciano. *La vejez es costosa y preciosa a la vez.*

En el Salmo 92, uno de los salmos más queridos por los ancianos, encontramos una de estas perlas: «El justo florecerá como la palmera; crecerá como cedro en el Líbano. Plantados en la casa del Señor, en los atrios de nuestro Dios florecerán. Aun en la vejez fructificarán; estarán vigorosos y verdes» (Sal. 92:12-14).

Este texto inspirado por Dios nos muestra un principio fundamental: la vejez no es un asunto de años sino de vida, no se mide por la edad sino por la vitalidad. Es posible llevar fruto y estar vigoroso y verde en la ancianidad porque, como veremos después, la verdadera fortaleza no está en el cuerpo sino mucho más adentro, en el corazón, en el «hombre interior».

Por esta razón, los especialistas hoy diferencian entre vejez cronológica y vejez biológica.[1] La edad no viene dada por el DNI, la fecha de nacimiento. El buen envejecer no consiste en añadir años a la vida, sino vida a los años. *El asunto clave en el envejecimiento no es la longevidad, sino la dignidad; la meta no es vivir más años, sino vivirlos con sentido y propósito.*

---

1 El Dr. Fernando Bandrés, profesor de la Universidad Complutense de Madrid, buen amigo y compañero, ha profundizado sobre este tema en su libro *Vejez biológica y vejez biográfica* (Editorial Fundación Emmanuel Mounier, Colección Sinergia, 2015).

05

El triángulo de la vida:

ser, estar y hacer

Cuando se emprende un viaje, es necesario tener un buen mapa (¡hoy en día un navegador o GPS!). Es el instrumento que permite orientarnos, saber exactamente dónde estamos en la ruta. La vida, que es un viaje, requiere también *un navegador existencial*. Necesitamos un instrumento que nos ubique y nos dé una visión global, lo que llamaríamos *el cuadro grande* de la vida. Saber dónde estamos en el viaje de la vida es la mejor manera de evitar caminos equivocados, caminos que llevan a la frustración y al desánimo. Esta orientación, necesaria a todas las edades, se torna imprescindible en nuestro «viaje a vejecia».

Vamos a ilustrar nuestro navegador con un triángulo cuyos vértices están ocupados por tres aspectos esenciales de la vida: el ser, el estar y el hacer. De hecho, nuestra identidad gira alrededor de estos aspectos. En la base encontramos el *ser* (el carácter) y el *estar* (las relaciones); ambos constituyen el fundamento y le dan una base sólida al triángulo. Arriba en el vértice, tenemos el *hacer*, la acción.

En el camino de la vida nos desplazamos por este triángulo desde arriba hacia abajo. En la juventud estamos en el vértice. A medida que envejecemos vamos bajando y nos acercamos a la base. Un detalle no debe pasarnos desapercibido: cuanto más descendemos, tanto más se ensancha el triángulo. *A medida que el hacer se va apagando, el ser y el estar brillan con más intensidad.* Podemos *hacer* menos, pero, como contrapartida, nuestra presencia y nuestras relaciones cobran mayor relevancia.

En la base del triángulo es donde se acumula el poso de una vida, el sedimento único que destila nuestra persona. Un ejemplo práctico nos ayudará a entenderlo. Por mi profesión he tenido oportunidad de acompañar a muchas personas en los últimos días de su vida. He escuchado testimonios muy diversos, pero todos coinciden en un punto: nadie me ha dicho «me arrepiento de no haber dedicado más horas a mi trabajo». Por el contrario, he oído numerosas veces frases como «ojalá hubiera dedicado más tiempo a estar con mi familia, con mis seres queridos».

¿Por qué llegamos a esta conclusión al final de nuestros días? Porque lo más valioso en esta vida no es la acumulación de *medallas* (títulos, honores, cargos), ni la acumulación de dinero (posesiones, bienes materiales), sino la riqueza que emana de las relaciones y de las experiencias. *El mejor regalo, y también el mejor legado, es tu persona.*

Cuidado no caigamos en un error frecuente: empeñarse en permanecer arriba en el triángulo a pesar de la edad. A algunas personas les cuesta mucho aceptar la vejez porque piensan que vivir es hacer. Por desgracia, nuestra sociedad, tan activista y utilitaria, se encarga de alimentar esta distorsión de valores. *Vivir es mucho más que hacer.* Abajo en el triángulo hay también mucha vida, no por casualidad es la parte más ancha.

Dos historias reales nos ilustran esta idea. En mi iglesia local en Barcelona (calle Verdi) hay una señora de 101 años, Carmen, que asiste a todos los cultos. Su perseverancia, la paz y el gozo reflejados en su rostro son una inspiración para toda la congregación. Esta hermana es muy valiosa para la iglesia, pero su valía y su *utilidad* no vienen del *hacer*, sino del *estar con* nosotros. Su sola presencia irradia vitalidad y es un estímulo para la congregación.

La otra historia la vemos encarnada en el apóstol Juan, el más longevo de los apóstoles, quien no tenía ningún reparo en llamarse a sí mismo *anciano*. En dos de sus tres epístolas se presenta como «el anciano». De él escribe J. M. Martínez: «Según Jerónimo, cuando Juan era ya tan anciano que apenas podía andar y era llevado a reuniones de los creyentes en Éfeso, repetía una y otra vez: *Hijitos, amaos los unos a los otros.* Epítome incomparable de su pensamiento y de su vida» (J. M. Martínez, *Figuras estelares de la Biblia*).

Veamos en más detalle qué significa en la práctica *ser* y *estar*, cómo podemos cultivar esta vida abundante en el último tramo del viaje. Para ello recurrimos a otra ilustración, esta vez tomada de los salmos.

¿Hierba o palmera? Dos formas de envejecer

Hay dos formas de vivir la vejez: podemos ser como la hierba o como la palmera. Esta es la enseñanza que se desprende respectivamente de los salmos 90 y 92, salmos muy apreciados por su visión global de la vida:

> Porque mil años delante de tus ojos, son como el día de ayer, que pasó, y como una de las vigilias de la noche. Los arrebatas como con torrente de aguas; son como sueño, como la hierba que crece en la mañana. En la mañana florece y crece; a la tarde es cortada, y se seca. (Sal. 90:4-6)

La hierba es fugaz, pasajera, nos recuerda la brevedad y fragilidad de la vida. Es verdad que somos hierba, «acabamos nuestros años como un pensamiento, nuestros días pronto pasan y volamos» (Sal. 90:9-10). Sin embargo, no podemos quedarnos solo con esta visión. Si nos sentimos solo hierba, acabaremos sumidos en la nostalgia y el lamento, incluso en la amargura. *Somos hierba, sí, pero también somos palmera*:

> El justo florecerá como la palmera; crecerá como cedro en el Líbano. Plantados en la casa de Jehová, en los atrios de nuestro Dios florecerán, aun en la vejez fructificarán estarán vigorosos y verdes. (Sal. 92:12-14)

La palmera, en agudo contraste con la hierba, tiene una larga vida y, lo que es más significativo, «fructifica aun en la vejez». Mientras la hierba nos recuerda nuestra debilidad, la palmera nos recuerda nuestra fortaleza. Además, es un árbol singular porque no solo sobrevive, sino que lleva fruto en las circunstancias más adversas, por ejemplo, una sequía intensa. ¿Cuál es el secreto de su fortaleza? La explicación está en sus raíces profundas que le proporcionan agua aún en terrenos tan áridos como el desierto.

El paralelismo con la vejez es muy notable. El anciano que se siente como la palmera echa raíces profundas y busca su fortaleza en Dios, fuente de agua viva. La renovación de su fuerza no está primeramente en recursos humanos, sino divinos. No es casualidad que el salmista afirme poco antes: «Pero tú aumentarás mis fuerzas como las del búfalo; seré ungido con aceite fresco» (Sal. 92:10). Veamos con más detalle cómo ocurre esto.

Cerca de Dios: el hábitat natural del anciano

«Aun en la vejez fructificarán», sí, pero el anciano no lleva fruto en cualquier tipo de terreno. Requiere un hábitat adecuado y el salmista nos da la clave en su frase anterior: «Plantados en la casa de Jehová, en los atrios de nuestro Dios florecerán» (Sal. 92:13). Hay una condición y un lugar apropiados para fructificar: estar «plantado en la casa de Dios». La comunión con el Creador, *la cercanía de Dios, es el hábitat natural del anciano.*

El Creador que nos dio la vida nos sigue nutriendo de vida. Es un asunto de raíces y de nutrición espiritual como también describe el Salmo 1, en este caso aplicado a la Palabra de Dios: «Será como árbol plantado junto a corrientes de aguas que da su fruto a su tiempo y su hoja no cae» (Sal. 1:3). Jesús amplía esta enseñanza con la parábola de la vid: «Permaneced en mí y yo en vosotros. Como el pámpano no puede llevar fruto por sí mismo si no permanece en la vid, así tampoco vosotros, si no permanecéis en mí» (Jn. 15:4). No es casualidad que uno de los himnos favoritos de los ancianos sea «¡Cerca, más cerca oh Dios, de ti! Cerca yo quiero mi vida llevar».

Aptos para servir: el cristiano no está nunca jubilado

El mundo nos jubila a los 65 años, pero el cristiano no está nunca jubilado. Dios no nos jubila del ejercicio de nuestros dones, de modo que el servicio en su obra es uno de los grandes privilegios del creyente mayor. Los cristianos seguimos en activo toda la vida hasta que el Señor mismo nos *jubila* llamándonos a su presencia. Y aun entonces le seguiremos sirviendo, aunque de una manera mucho más perfecta y gloriosa.

El creyente mayor está *retirado* a ojos de la sociedad, pero no a ojos de Dios. La palabra *jubilación* no existe en el vocabulario del discípulo de Cristo por una sencilla razón: «la mies es mucha y los obreros son pocos». Estas palabras de Jesús se aplican a todo creyente, no solo a misioneros o a pastores. No existe el paro en la obra de Dios porque las necesidades son inagotables. Hay numerosas y renovadas oportunidades de servicio para todos y a todas las edades. Busca tu lugar en la iglesia, usa tus dones de maneras que hasta ahora quizás no podías hacer. Si lo haces, estarás colaborando en la tarea más importante y trascendental que existe: la edificación de la obra de Dios y la extensión de su reino. Somos «embajadores de Cristo» (2 Co. 5:20) y ¡este título no se pierde con la edad!

Por supuesto, nuestro ámbito de servicio no se limita a la iglesia. El creyente está llamado a ser sal y luz en este mundo sin excepciones. El ministerio (servicio) de Jesús incluyó a personas de todos los círculos. Sin embargo, nuestra prioridad está en la iglesia tal como nos recuerda Pablo: «Así que según tengamos oportunidad, hagamos bien a todos, pero mayormente a los de la familia de la fe» (Gl. 6:10).

Un capital precioso para la mejor inversión posible

¡Los jubilados son gente rica! Sí, son ricos no por el dinero que puedan tener en el banco, sino porque disponen de un capital precioso, el tiempo. Invertir este capital en la obra de Dios es la mejor inversión posible porque da un fruto que permanece para siempre. Así lo expresa el autor de Hebreos: «Porque Dios no es injusto para olvidar vuestra obra y el trabajo de amor que habéis mostrado hacia su nombre, habiendo servido a los santos y sirviéndoles aún» (Heb. 6:10).

Muchas personas esperan con ganas la jubilación para dedicarse a sus hobbies, aquello que siempre habían querido hacer, pero no podían por falta de tiempo. El anciano creyente también puede disfrutar de sus hobbies. «Dios nos ha dado todas las cosas en abundancia para que las disfrutemos» (1 Ti. 6:17b), pero su interés primordial no está en pasarlo bien con sus hobbies, sino en hacer el bien con sus dones.

Así pues, el *retiro dorado* con el que sueñan muchos jubilados no consiste en un ocio de lujo para mi disfrute, sino en un servicio generoso para Dios. El primero da un placer efímero; en cambio, las obras de amor dan réditos eternos. Y por si esto fuera poco,

Jesús nos recuerda en un emotivo pasaje que todo acto de servicio al prójimo es como si lo hiciéramos para él mismo: «Por cuanto lo hicisteis a uno de estos pequeños, a mí lo hicisteis» (Mt. 25:31-46).

Frutos de otoño: «Estarán vigorosos y verdes»

El salmista ha afirmado con rotundidad «aun en la vejez fructificarán». Notemos que esta afirmación va seguida de una explicación que la completa: «estarán vigorosos y verdes» (Sal. 92:14). El salmista parece muy interesado en enfatizar que *la vida no es un árbol de hoja caduca sino perenne*. ¿Cómo ocurre esto en la práctica?

Antes hemos considerado el servicio como una forma de llevar fruto, pero ¿cómo puede servir una persona mayor limitada por los achaques de la vejez? O lo que aún es más importante, ¿qué es exactamente servir? De la respuesta a esta pregunta va a depender que sigamos siendo árboles de hoja perenne –palmeras y cedros– o bien que nos vayamos marchitando como el árbol de hoja caduca a medida que avanza el otoño de la vida.

A la luz de la Biblia, *servir es mucho más que hacer cosas*. Hasta tal punto es así que la palabra *servir* es la misma que *adorar*. Servicio, culto y adoración se usan de forma indistinta en el Antiguo y en el Nuevo Testamento (de ahí que en algunos idiomas modernos al acto del culto se le llame también servicio). Hay una *estrecha relación entre servir y ser, entre acto y actitud*, de tal manera que podemos servir no solo haciendo, sino siendo. Veamos cómo.

Cuatro actividades que los años no nos pueden quitar

Nuestra sociedad se refiere a los jubilados como «clases pasivas» (desafortunado término basado en criterios económicos). ¡Es una ofensa y un error! La persona mayor no pertenece a una «clase pasiva», sino bien activa; puede permanecer «vigorosa y verde».

La ilustración del triángulo de nuevo nos ayuda a entenderlo. Podemos llevar mucho fruto con el «ser» y el «estar». De hecho, el fruto en la Biblia está relacionado ante todo con el ser. Un ejemplo destacado lo vemos en el fruto del Espíritu que es una forma de ser, un carácter moral.

A lo largo de los años se va reduciendo nuestra capacidad para hacer cosas, pero hay cuatro *actividades* que nada ni nadie nos puede quitar. Todo anciano puede hacerlas independientemente de sus limitaciones. Son como frutos de otoño, formas perennes de fructificar. Además, su práctica beneficia no solo al anciano, sino también a los que están cerca.

Amar

«A la tarde de la vida, te examinarán de amor». Esta frase del místico español Juan de la Cruz plasma con gran fuerza la importancia del amor en la vejez. Lo puedes perder todo en esta vida, pero nadie te puede quitar lo más preciado: la capacidad de amar, amar al prójimo y amar a Dios.

Ni siquiera la demencia, uno de los enemigos más temidos, puede destruir nuestra fuerza de amar. La enfermedad de Alzheimer u otras enfermedades neurodegenerativas destruyen la memoria, pero no la capacidad de dar y recibir afecto. La experiencia diaria nos muestra cómo aun en fases avanzadas de la enfermedad, la persona responde a una mano cálida que le acaricia, a un beso tierno o una palabra cariñosa. Es más, estudios médicos recientes han demostrado que incluso en los estados de inconsciencia (estados vegetativos) un alto porcentaje de pacientes responde a estímulos afectivos. Es un dato conmovedor y muy significativo.

Dios ha puesto en el corazón humano el rasgo más distintivo de su esencia, el amor. Dios ES amor. Este sello divino, la capacidad de amar, no caduca; es árbol perenne que resiste los embates del invierno de la vida. Volvamos de nuevo a Juan, un verdadero modelo de cómo vivir la vejez. El apóstol estaba tan deseoso de morir amando que sus tres epístolas, escritas en su ancianidad, giran alrededor del amor.

La enfermedad puede destruir el cuerpo, la demencia puede acabar con los recuerdos, uno de nuestros patrimonios más preciados, pero el amor persiste hasta la muerte. *Morir amando es una de las mejores maneras de honrar a Cristo* porque así es como murió él, amando y perdonando.

Acompañar

Una forma práctica de amar es estar *junto a, al lado de*. Acompañar es amar. La sola presencia conlleva un mensaje insustituible: estoy contigo y por ti. De hecho, lo que más desean dos personas que se aman es la cercanía, sentirse acompañado por el otro. Esta es la labor por excelencia que realiza el Espíritu Santo. El término usado en el Nuevo Testamento (*parakletos*) significa precisamente «alguien que es llamado, convocado para estar al lado de».

Acompañar no requiere de palabras elocuentes ni de fortaleza física, solo requiere el deseo, *la* disposición a «estar con». Una palabra, un gesto, una sonrisa pueden ser suficientes. ¡Qué importante labor en una sociedad que sufre una epidemia de soledad, especialmente entre los ancianos! Visitar al enfermo, llorar con los que lloran, conversar con los que están solos son, en palabras de Jesús, como un vaso de agua fresca al que tiene sed.

Orar

Interceder es también amar. Cuando pienses que no puedes *hacer* nada, entonces estás en condiciones para *hacer* lo más importante: orar. Si te sientes «inútil para todo servicio», ¡bienvenido al equipo de los que sostienen la obra de Dios con la intercesión!

Pablo relata en un conmovedor pasaje el valor estratégico que la oración de los corintios tuvo para él y sus colaboradores en una situación crítica de su vida: «fuimos abrumados sobremanera, más allá de nuestras fuerzas, de modo que hasta perdimos la esperanza de salir con vida». Dios les libró de esta situación «cooperando también vosotros a favor nuestro con la oración» (2 Co. 1:8-11). El apóstol reconoce y agradece la intercesión de los corintios como un factor clave en la respuesta de liberación.

Tan valiosas son las oraciones a ojos de Dios que en el libro de Apocalipsis se comparan a **«copas de oro llenas de incienso»** (Ap. 5:8). Las oraciones de los creyentes no solo suben al cielo, sino que permanecen allí como un tesoro especial. Llegará el día cuando descubriremos su inmenso valor. Será el día cuando cantaremos «Digno, digno es el Cordero de Dios».

Recordar

Al lector le puede sorprender que incluyamos este apartado como una de las formas de fructificar en la vejez. La persona mayor suele asociar recuerdo con nostalgia, memoria con dolor. Sin embargo, recordar también tiene un valor positivo. Por alguna razón será que el Creador diseñó la memoria del ser humano de manera que los recuerdos más antiguos –la memoria remota– es la que suele conservarse más tiempo, incluso en etapas avanzadas de una demencia.

Por si no quedara claro el valor de la memoria, es Dios mismo quien nos pide «recordar» y «no olvidar». Siempre me ha parecido muy significativo que el verbo *recordar* es el que aparece más veces en el Antiguo Testamento en modo imperativo. En innumerables ocasiones Dios dice a su pueblo: «recordad», «acordaos de». Estamos, por tanto, ante un tema nada baladí.

Las dos ventanas del anciano: recordar para lamentar o para agradecer

Recordar puede ser un ejercicio muy provechoso, un estímulo que nos alienta, o bien algo muy negativo, un freno que nos paraliza. ¿De qué depende? Hay dos maneras de recordar: podemos recordar para lamentar o para agradecer. Los resultados serán totalmente opuestos: en el primer caso, recordar nos llevará a la pena y posiblemente a la autocompasión: «¡Qué feliz era entonces y qué desgraciado soy ahora!». Era la actitud del poeta Jorge Manrique cuando escribió en *Coplas a la muerte de su padre*: «¡Cómo, a nuestro parecer, cualquier tiempo pasado fue mejor!».

Esta forma de recordar suele darse en las personas que se sienten «hierba». Abren la ventana de su pasado y se preguntan «¿por qué?». La nostalgia y al lamento ahogan cualquier pensamiento o emoción positiva que los recuerdos pudieran darles.

¡Ebenezer! El efecto vigorizante del pasado

Recordar, sin embargo, también puede ser uno de los ejercicios más fructíferos y estimulantes en la vida del anciano. ¿En qué sentido? Traer a la memoria nos permite ver la fidelidad de Dios en el pasado, cómo él ha ido obrando en nuestra vida, paso a paso, hasta el punto de llevarnos a exclamar agradecidos «Ebenezer», «¡hasta aquí nos ayudó el Señor!». Esta forma de recordar suele darse en la persona que se siente «palmera».

Numerosas veces en los salmos encontramos este repaso vigorizante del pasado. El Salmo 71, precisamente la oración de un anciano, nos ofrece uno de los textos más bellos en esta línea:

> Porque tú, oh Señor Jehová, eres mi esperanza, seguridad mía desde mi juventud. En ti he sido sustentado desde el vientre; de las entrañas de mi madre tú fuiste el que me sacó; de ti será siempre mi alabanza… Oh Dios, me enseñaste desde mi juventud. Y hasta ahora he manifestado tus maravillas. Aun en la vejez y las canas, oh Dios, no me desampares… Tú has hecho grandes cosas; Oh Dios, ¿quién como tú?

¡Qué manera más positiva de abrir la ventana del pasado! A diferencia de la actitud anterior, *mira hacia atrás y dice «¡gracias!»*. La gratitud y la alabanza ahogan cualquier lamento o atisbo de amargura. No se pregunta «¿Por qué?», sino que exclama «Gracias porque». No ve en el pasado la oscuridad de los valles sombríos —aunque los haya habido—, sino la luz de la Providencia divina, esta mano sabia que de forma misteriosa va escribiendo en el libro de nuestra vida una historia con sentido.

La perseverancia, el termómetro del anciano

Amar, acompañar, orar y recordar. Toda persona mayor, por anciana que sea, puede *perseverar* en estas cuatro formas de fructificar. Perseverar, ¡qué palabra tan rica y sugerente! El término usado en el Nuevo Testamento significa «ocuparse asiduamente en algo» o «acompañar continuamente a alguien» (Hch. 2:42, 46, 8:13). No puedo pensar una manera mejor de «estar vigoroso y verde» en la vejez.

La perseverancia es un excelente *termómetro para valorar la fortaleza del anciano*, una fortaleza que no tiene que ver con el cuerpo sino con el alma. En este sentido, es muy significativa la estrecha relación entre las palabras alma (*anima*) y ánimo (*animus*). Al anciano le pueden fallar las fuerzas, le puede disminuir la memoria, puede verse limitado de muchas maneras, pero aun en medio de todas estas circunstancias puede perseverar en el amor, en la compañía, en la oración y en recordar para agradecer.

Gracias a Dios que *aun en la vejez podemos fructificar… estar vigorosos y verdes.*

06

La «caja de herramientas» de la vejez:

adaptación, esperanza, ilusión

El triángulo de la vida nos ha mostrado la importancia de situarnos y orientarnos adecuadamente en la vejez. Hemos considerado las coordenadas vitales que nos ayudan a encontrar nuestro lugar en la última parte del viaje. Ahora estamos en condiciones de responder a otra pregunta decisiva: ¿Cómo vivir cuando ya hemos llegado a «vejecia»? O mejor aún, *¿cómo podemos añadir vida a los años y no solo años a la vida?* Todos estamos de acuerdo en que la calidad de vida es más importante que la cantidad de vida. ¿Cómo lograr esta *calidad de vida*?

Para responder a esta pregunta dejamos el triángulo y nos valemos de otra ilustración, una caja de herramientas. En la vejez disponemos de unas herramientas muy poderosas, *las* actitudes. Nuestras actitudes son la clave que nos da o nos quita calidad de vida. Hay tres actitudes que son generadoras de paz y de salud; su ausencia, por el contrario, engendra desasosiego y amargura.

A fin de facilitar su memorización las vamos a llamar el «A-E-I» **del anciano** por sus respectivas vocales iniciales: **Adaptación, Esperanza, Ilusión.** Veremos, a su vez, que estas actitudes tienen sendos caminos de acceso, un medio que las hace posibles.

Adaptación: «He aprendido a contentarme»

La adaptación es la primera herramienta de nuestra caja. La ponemos en primer lugar porque va a marcar el tono de las otras dos, es el punto de partida. Hemos dicho que la vida es un viaje; ahora hemos de completar esta frase con una matización importante: *es un viaje en el que va cambiando el paisaje.*

Entendemos por *paisaje* lo que el filósofo Ortega y Gasset llamaba «mis circunstancias» («Yo soy yo y mis circunstancias»). En estas *circunstancias* quedan incluidas las personas, en especial los seres queridos, que por desgracia van desapareciendo a lo largo del viaje. El paisaje va cambiando de forma gradual o, a veces, de forma brusca e imprevisible. Estos cambios inevitables requieren adaptación. Si no sabemos adaptarnos, no podremos disfrutar del viaje y se nos hará largo y desagradable, «hastiado de sinsabores» en palabras de Job, como nos mostraba Stuart en la primera parte del libro.

Adaptación y aceptación, una pareja inseparable

Decíamos que cada una de las herramientas tiene un camino de acceso. El camino que lleva a la adaptación es la aceptación. Forman una pareja inseparable: adaptarse requiere aceptar. Ahora bien, ¿qué significa aceptar? Para muchas personas la sola mención de esta palabra les despierta recelo e incluso rechazo. Es comprensible si no conocen o no han entendido el concepto bíblico de aceptación, concepto que está en las antípodas de la idea de resignación o conformismo.

El apóstol Pablo describe de forma brillante en qué consiste la aceptación en un pasaje referido a su propia vida: «He aprendido a contentarme cualquiera que sea mi situación… en todo y por todo estoy enseñado» (Flp. 4:11-12). Sin duda, la vejez queda incluida en este «en todo y por todo». ¿Qué nos está diciendo el apóstol con estas palabras?

El contentamiento, secreto de la verdadera felicidad

La idea bíblica de contentamiento es tan rica que engloba a la vez la adaptación y la aceptación. La palabra en el original implica un cierto grado de independencia de las circunstancias de manera que no quedas ligado, atrapado por ellas. Eso nos permite ver y vivir cualquier problema desde una perspectiva diferente. Podríamos compararlo al practicante de surf que ha aprendido a mantenerse por encima de las olas aun en medio del temporal más fuerte.

El contentamiento es fundamental porque en él radica el secreto de la verdadera felicidad. *La felicidad no consiste en tenerlo todo, sino en contentarnos en todo.* Observemos la instrucción de Pablo a Timoteo sobre este tema:

> Pero gran ganancia es la piedad acompañada de contentamiento; porque nada hemos traído a este mundo, y sin duda nada podremos sacar. Así que, teniendo sustento y abrigo, estemos contentos con esto. (1 Ti. 6:6-8)

Como ha sugerido un psicoanalista argentino, *la felicidad es «faltacidad»,* es decir, *aprender a convivir con lo que falta.* Ello es especialmente cierto en la vejez cuando se van acumulando las carencias, pérdidas y limitaciones.

Cambios y pérdidas: cuando el paisaje se vuelve árido

Uno de los cambios más duros en este tramo del viaje son las pérdidas. *Las pérdidas son la causa de mayor dolor en la vejez.* A medida que envejecemos sufrimos pérdidas en tres grandes áreas:

- La pérdida de autonomía: las limitaciones.

- La pérdida de salud: la enfermedad.

- La pérdida de personas: el duelo.

La frecuente combinación de estas pérdidas lleva a una de las realidades más dolorosas del anciano, *la dependencia.* No poder valerse por sí mismo es doblemente doloroso: te hace sentir impotente y vulnerable y te hace sentir que eres una carga para los demás, en especial para la familia. Saber afrontar el dolor de la dependencia es uno de los mayores retos del anciano, tanto como lo es para los cuidadores el empatizar con este dolor.

Con gran realismo, Jesús mismo le anticipó a Pedro algo de este problema (aunque no era el propósito primordial de sus palabras): «De cierto, de cierto te digo: Cuando eras más joven, te ceñías, e ibas a donde querías; mas cuando ya seas viejo, extenderás tus manos, y te ceñirá otro, y te llevará a donde no quieras» (Jn. 21:18).

Todos en mayor o menor grado vamos a pasar por estas experiencias de pérdida a medida que nos adentramos en la vejez. Son experiencias que nos pueden hundir en el pozo de la lamentación o que nos pueden estimular a la renovación. Toda crisis es a la vez un peligro y una oportunidad. Por ello, hemos de estar preparados, «enseñados» como decía el apóstol, para afrontarlas con serenidad y fortaleza. La promesa de que Dios va a «abrir camino en el desierto y ríos en la soledad» (Is. 43:19) es válida para todas las edades, no solo para los jóvenes.

La práctica del contentamiento: flexibilidad versus rigidez

El contentamiento no es algo automático, requiere un aprendizaje. El apóstol lo deja muy claro: «he aprendido a contentarme… estoy enseñado». Por supuesto, no es una enseñanza que se adquiera en un curso, no es algo teórico sino vivencial. Como el apóstol, aprendemos contentamiento en la escuela de la vida.

Nosotros, sin embargo, podemos y debemos contribuir en este aprendizaje cultivando *la flexibilidad*, una capacidad que Dios nos ha dado y que es *instrumento clave en la adaptación y la aceptación*. La flexibilidad es lo opuesto a la rigidez. Podemos apreciar la importancia de la flexibilidad a través de los objetos: cuanto más flexible es un objeto, tanto más se adapta a una presión intensa sin romperse, lo podemos doblar sin que se quiebre; por el contrario, cuanto más rígido, más fácilmente se rompe al intentar cambiar su forma.

Lo mismo ocurre con las personas: la flexibilidad nos permite resistir los cambios y las presiones sin «rompernos».[1] Esto es especialmente valioso en la vejez: *el anciano flexible ha aprendido a doblarse sin partirse*, una actitud clave para llegar a «contentarse en cualquier situación».

¿Es difícil? Sí, pero no imposible. Las neurociencias nos han demostrado hoy la gran plasticidad de las neuronas humanas y su enorme influencia en la flexibilidad (plasticidad) del desarrollo individual de cada persona. No somos títeres, es mucho lo que podemos hacer para cambiar pensamientos, conductas y actitudes. En otras palabras, así como la gimnasia previene la rigidez y el anquilosamiento del cuerpo, ciertos ejercicios nos permiten ejercitar la *flexibilidad mental*.

En esta línea, quiero sugerir cuatro *ejercicios* que nos pueden ayudar a luchar contra la rigidez y nos facilitarán el contentamiento en la vejez:

- No te fijes en tus incapacidades, sino en tus capacidades.

- No lamentes lo que ya no tienes, sino disfruta lo mucho que aún tienes.

---

1 El lector puede profundizar más en el tema de la adaptación y la resiliencia en el capítulo 3 de *El aguijón en la carne*, P. Martínez Vila (Andamio Editorial, 2007).

- No te centres en lo que ya no puedes hacer, sino en las nuevas oportunidades.

- No mires atrás para quejarte, sino para agradecer.

Al practicar estos *ejercicios* posiblemente descubrirás en tu vida la misma realidad que Francisco de Asís: «Necesito poco y lo poco que necesito lo necesito muy poco».

Dios, el gran reciclador

Hasta aquí hemos considerado el aspecto humano de la adaptación y la aceptación, lo que nosotros podemos poner de nuestra parte. Sin embargo, hay una faceta en el contentamiento que depende de Dios, va más allá de nuestra capacidad natural. Para entenderla mejor nos valdremos de una ilustración: Dios como «el gran reciclador». Para Dios no hay material de basura en nuestra vida porque Él es el gran *reciclador*. Dios lo aprovecha todo y lo transforma en *materia prima* para nuestro bien.

Pablo expresa esta idea con una de las promesas más conocidas y alentadoras de la Biblia: «Y sabemos que a los que aman a Dios, todas las cosas les ayudan a bien» (Ro. 8:28). Otras versiones traducen: «Todas las cosas cooperan para el bien de los que aman a Dios».

El contentamiento se nutre de la convicción profunda de que Dios obra sus propósitos en mi vida no *a pesar de* las circunstancias, sino *a través de* ellas. Y esto es así porque «para Dios nuestras adversidades son sus oportunidades» (J. M. Martínez). Esta confianza inquebrantable es la que nos lleva a exclamar en los momentos difíciles:

Estamos atribulados en todo, mas no angustiados; en apuros, mas no desesperados; perseguidos, mas no desamparados; derribados, pero no destruidos. (2 Co. 4:8-9)

Esperanza: «Se sostuvo como viendo al Invisible»

En la caja de herramientas del anciano no puede faltar la esperanza. Es la segunda de las actitudes que nos permite añadir vida a los años. De hecho, hay una relación estrecha entre el contentamiento y la esperanza. Es mucho más fácil adaptarse y aceptar cuando hay una esperanza firme, «una esperanza que no decepciona» (no avergüenza) (Ro. 5:5).

La esperanza, imprescindible a todas las edades, es fuente abundante de paz y de salud en la vejez. El teólogo suizo Emil Brunner captó muy bien este valor vital de la esperanza al compararla con el oxígeno: «La esperanza le es a la vida lo que el oxígeno a los pulmones». La falta de esperanza es una de las causas principales de malestar, vacío y frustración en la persona anciana, terreno abonado para todo tipo de enfermedad.

«¿Qué esperanza puedo tener si apenas me queda futuro?», me decía un anciano con ojos profundamente tristes. Este comentario nos lleva a una pregunta importante: ¿de qué tipo de esperanza estamos hablando?

«No sabía que la fe es tan importante para la vida»

Recientemente prediqué en el culto de despedida de un buen amigo y colega médico, Félix Ángel, que pasó la mayor parte de su vida afectado por una dolencia pulmonar muy limitante. Este hombre había hecho de su vida un ejemplo admirable de contentamiento; la adaptación y aceptación de su dura enfermedad crónica fue de gran inspiración para muchos, tanto creyentes como no creyentes. Al acabar el acto alguien le comentó a su esposa: «No sabía que la fe es tan importante para la vida». Ciertamente, una frase para pensar.

¿Por qué es tan importante la fe? De la misma manera que se llega a la adaptación por el camino de la aceptación, también disponemos de un *camino que lleva a la esperanza, la fe.* La esperanza y la fe forman otra pareja inseparable y necesaria para vivir la vejez con serenidad y paz. La fe nutre la esperanza, es su fuerza motriz. Esta estrecha relación queda bien plasmada en el conocido texto de Hebreos: «La fe es la certeza de lo que se espera» (Heb. 11:1).

La esperanza y la fe son de una importancia *vital* en el sentido más literal de la palabra: *transforman la vida por completo*, tanto en lo personal como en lo comunitario. Aquí nos centraremos en dos de los aspectos más relevantes para nuestro tema, la vejez:

- Nos dan una perspectiva distinta del futuro.

- Nos dan una perspectiva distinta de la prueba en el presente.

«Lo mejor está por venir»: queda mucho futuro por delante

La esperanza que nace de la fe es de una importancia *vital*, en primer lugar, porque nos da una visión muy distinta del futuro. El anciano creyente no dice «me queda muy poco futuro», sino «lo mejor está por venir». En este sentido, los salmos 71 y 73 contienen algunos de los textos más alentadores de la Escritura para un anciano:

> Me has guiado según tu consejo, y después me recibirás en gloria. ¿A quién tengo yo en los cielos sino a ti? Y fuera de ti nada deseo en la tierra. Mi carne y mi corazón desfallecen; Mas la roca de mi corazón y mi porción es Dios para siempre. (…) Pero en cuanto a mí, el acercarme a Dios es el bien; He puesto en Jehová el Señor mi esperanza. (Sal. 73:23-28)

Ciertamente nuestro futuro en la tierra puede ser corto, pero la vida no acaba aquí. Lo que podemos ver con nuestros ojos y tocar con nuestras manos, la realidad material de este «piso de abajo», es una parte ínfima de la vida. *Existimos más allá de lo físico.* En este sentido, observamos un interés creciente por la dimensión espiritual del ser humano en nuestros días. Esperemos que esta *apertura espiritual*, un tanto difusa e influida por las formas orientales de espiritualidad, vaya acompañada de un mayor reconocimiento del Dios personal que ha puesto en nosotros esta espiritualidad.

Los ojos de la fe ensanchan nuestra visión del futuro porque nos llevan «al piso de arriba» y nos permiten vislumbrar una realidad intangible e invisible pero cierta. Por ello el anciano creyente puede decir: «lo mejor está por venir». Esta visión llena de esperanza nos vivifica y nos sostiene. El autor de Hebreos resume la vida de Moisés con una frase que podría ser el lema de todo anciano creyente: «Por la fe se sostuvo como viendo al Invisible (Dios) porque tenía la mirada puesta en el galardón» (Heb. 11:27-28).

Nos hará mucho bien practicar el ejercicio que Pablo recomienda a los Colosenses: «Buscad las cosas de arriba, donde está Cristo sentado a la diestra de Dios. Poned la mira en las cosas de arriba, no en las de la tierra» (Col. 3:1-2). La lectura de pasajes como Apocalipsis 21 y 22 es como un tónico para el alma. La visión anticipada del cielo con sus realidades gloriosas actúa como un refresco en el bregar de la vida y, además, nos prepara para la muerte. Yo mismo recuerdo el bien que me hizo, cuando mi madre partió a la patria celestial, el libro de Joni Eareckson Tada, *El cielo, su verdadero hogar.*[2]

Algunos ancianos me han compartido que un efecto parecido les produce la lectura del Evangelio de Juan, precioso compendio de las buenas nuevas de vida eterna en Cristo. Sí, mirar a las alturas nos ayuda a salir de nuestras bajuras.

Los cristianos también lloramos, pero lloramos con esperanza

La fe y la esperanza *nos* dan una perspectiva distinta no solo del futuro, sino también del presente, y en particular de las pruebas. Esta es la segunda razón por la que tienen una influencia decisiva

---

2 Joni Eareckson Tada, *El cielo, su verdadero hogar* (Editorial Vida, 1999).

en nuestra vida. El apóstol Pablo lo describe así: «Porque esta leve tribulación momentánea produce en nosotros un cada vez más excelente y eterno peso de gloria» (2 Co. 4:17).

Una visión del futuro llena de esperanza relativiza cualquier forma de sufrimiento porque nos ayuda a enfocarlo en una perspectiva amplia. El mejor ejemplo lo vemos en la manera de afrontar la muerte propia o el duelo por un ser querido. Hay dos formas de llorar: con lágrimas llenas de desespero, o con lágrimas llenas de esperanza. Los cristianos también lloramos, pero lloramos con esperanza porque en Cristo la muerte ha perdido su aguijón más temible y doloroso (1 Co. 15:55).

Dejemos de nuevo que el salmista nos lo describa con la fuerza y la belleza de su testimonio directo, esta vez en el Salmo 71:

> Aun en la vejez y las canas, oh Dios, no me desampares… Tú, que me has hecho ver muchas angustias y males, volverás a darme vida, Y de nuevo me levantarás de los abismos de la tierra. Aumentarás mi grandeza, Y volverás a consolarme… Porque tú, oh Señor Jehová, eres mi esperanza, Seguridad mía desde mi juventud. (Sal. 71:18-21 y 5)

«Firmes en la esperanza»: una óptima expresión de salud

El anciano puede sufrir muchas pérdidas, pero la peor de todas es la pérdida de la esperanza. Por ello Jesús le dice a Pedro en vísperas de muchas pruebas: «El diablo os ha pedido para zarandearos como a trigo, mas yo he pedido que tu fe no falte» (Lc. 22:32).

La carencia de la esperanza que nace de la fe es como morir en vida. Por esta razón, mantener la esperanza es una prioridad en la vida del anciano y de todo creyente. El autor de Hebreos dice con claridad: «Mantengamos firme, sin fluctuar, la profesión de nuestra esperanza, porque fiel es el que prometió» (Heb. 10:23).

Es significativa la relación entre las palabras firme y enfermo. Un enfermo –in-firmo– es alguien que no está firme –de pie–, por ello se pone en la cama. De la misma manera, la firmeza en la esperanza es una de las mejores evidencias de salud espiritual. Si estás *firme*, no estás *enfermo*.

¿Cómo podemos mantener esta firmeza? La segunda parte del versículo nos da el secreto: «porque fiel es el que prometió». Nuestra firmeza en la esperanza se basa en la fidelidad de Dios, un Dios que cumple sus promesas. En los momentos cuando la esperanza «fluctúa» necesitamos mirar al pasado para ver la mano de Dios actuando en nuestra vida de forma amorosa y poderosa, pero necesitamos también mirar al futuro porque «la esperanza tiene grande galardón». Así acaba esta sección el autor de Hebreos: «No perdáis, pues, vuestra confianza, que tiene grande galardón… pues el justo vivirá por la fe» (Heb. 10:35).

No esperamos algo, sino a alguien

No podemos concluir este punto sin referirnos a un aspecto distintivo de la esperanza cristiana. La esperanza que nos da la fe no espera algo, sino a alguien; no es un concepto, sino una persona; no es una ideología, sino una experiencia vital; no se basa en un deseo futuro, sino en un hecho pasado; no dice «todo irá bien», sino «todo fue bien en la Cruz».

Vivir con esperanza significa vivir con Aquel que es la esperanza, Cristo Jesús. Ahí radica la mayor fuente de paz y de gozo del anciano.

Ilusión: «El hombre interior se renueva de día en día»

Se dice que una persona es vieja cuando ha perdido la ilusión y es joven mientras la conserva. Es cierto, uno puede *sentirse viejo* a los 25 años y joven a los 80. Por desgracia, todos conocemos a «jóvenes viejos» (la desesperanza de nuestra sociedad les afecta), pero también nos alegramos al ver que hay muchos «viejos jóvenes». Es el caso, por ejemplo, de José M.ª Calzada, investigador y descubridor del inhalador antiasmático que ha salvado a millones de personas, quien a los 94 años afirma: «Vivo encantado de vivir». En esta línea, el prestigioso cardiólogo Dr. Valentín Fuster, a sus 80 años, afirma: «Me apasiona planificar proyectos para los próximos cinco años».

La ilusión es, por tanto, un buen termómetro para medir la calidad de vida de una persona mayor. Casi podríamos decir: «Dime cómo andas de ilusión y te diré lo viejo que eres».

El contentamiento y la esperanza fertilizan la ilusión

Esta tercera herramienta es, de hecho, consecuencia de las dos primeras. Una persona que ha aprendido a aceptar (adaptación) y tiene la esperanza que nace de la fe, será una persona con ilusión. Es una secuencia natural, lógica. La convicción de que nada ocurre por azar en mi vida y que todo tiene un sentido (Dios como el gran reciclador) abona el terreno donde crece la ilusión. Podemos decir que el contentamiento y la esperanza fertilizan la ilusión.

La mejor vacuna contra la amargura

¿Qué es la ilusión? La ilusión tiene que ver con la motivación y la capacidad de disfrutar. Un anciano con ilusión tiene motivaciones y sabe disfrutar de las cosas grandes y pequeñas. Ilusionarse es anticipar algo con ganas de que ocurra. Lo contrario de la ilusión es el aburrimiento, el tedio vital, el estado de ánimo tan bien plasmado en el libro del Eclesiastés:

> Vanidad de vanidades, todo es vanidad… ¿Qué es lo que fue? Lo mismo que será y nada hay nuevo debajo del sol… Aborrecí, por tanto, la vida, porque la obra que se hace debajo del sol me era fastidiosa; por cuanto todo es vanidad y aflicción de espíritu. (Ec. 1:89, 2:17)

La ilusión que nace del contentamiento y la esperanza es la mejor vacuna contra la amargura en la vejez. Crece la ilusión donde hay contentamiento, y crecen el resentimiento y la amargura donde la vida se percibe como absurda, sin sentido. En la aridez de la vejez, la ilusión es una fuente que nos refresca. ¿Cómo lo hace?

«Renovarse o morir»: el camino de acceso a la ilusión

«Renovarse o morir» dice el refrán. La renovación es el camino de acceso a la ilusión. La falta de renovación lleva poco a poco a la extinción. Lo vemos en todos los órdenes de la vida. Pero ¿cómo puede renovarse una persona mayor?

También en este punto, la Biblia tiene mucho que enseñarnos. El apóstol Pablo escribe: «Por tanto, no desmayamos; antes, aunque este nuestro hombre exterior se va desgastando, el interior no obstante se renueva de día en día» (2 Co. 4:16).

Observemos que esta afirmación precede justamente a las dos ideas expuestas antes: la esperanza nos permite relativizar las pruebas, «cualquier tribulación se hace leve y breve» (4:17), y la fe nos permite mirar más arriba y más lejos: «no mirando nosotros las cosas que se ven, sino las que no se ven; pues las cosas que se ven son temporales, pero las que no se ven son eternas» (4:18).

Esta significativa correlación nos confirma la interdependencia de las tres herramientas, son inseparables. Por ello hablamos de *la caja* de herramientas, porque forman un todo.

Débil por fuera, fuerte por dentro: no existe la vejez espiritual

En este texto, Pablo nos introduce a dos planos de la realidad: «el hombre exterior», el cuerpo, y el «hombre interior», la parte espiritual, el alma. Con el paso de los años, estas dos realidades evolucionan de forma opuesta: *el hombre exterior*, sujeto a las leyes de la naturaleza caída, se deteriora inexorablemente y nos lleva por último a la muerte. *El hombre interior*, por el contrario, se renueva cada día y nos lleva finalmente a la gloria. Podríamos decir que para el creyente no existe tal cosa como la vejez espiritual.

Esta *renovación* se manifiesta de diversas maneras, pero, sobre todo, en forma de fortaleza. Es una fortaleza interior de la que también habla el salmista justo antes de referirse al anciano como *palmera fructífera*: «Tú aumentarás mis fuerzas como las del búfalo» (Sal. 92:10).

Si la palmera aludía al **anciano fructífero**, la metáfora del búfalo alude al **anciano vigoroso**. Esta fortaleza interior se nutre de la esperanza, como nos recuerda el profeta Isaías en una conocida promesa: «Pero los que esperan a Jehová tendrán nuevas fuerzas; levantarán alas como las águilas; correrán, y no se cansarán; caminarán, y no se fatigarán» (Is. 40:31).

La fortaleza interior tiene una consecuencia práctica muy importante: produce gozo. En un momento crítico de su historia, Nehemías estimuló al pueblo con una frase decisiva para su ánimo: «No os entristezcáis porque el gozo del Señor es vuestra fuerza» (Neh. 8:10). Este gozo ilumina cualquier sombra de la vejez y se transforma en fortaleza.

Sí, débil por fuera, fuerte por dentro. ¡Cómo nos inspira visitar a un anciano lleno de esta vitalidad espiritual! Su cuerpo frágil, a veces decrépito, contrasta poderosamente con la firmeza de sus palabras y convicciones; la tristeza de su situación no apaga el gozo de su mirada. Recuerdo al diácono de nuestra iglesia encargado de visitar a los ancianos comentar: «Voy para animarlos, pero soy yo el que sale fortalecido y bendecido». ¡Íbamos para dar y hemos recibido más de lo que hemos dado!

El broche de oro: «Todo lo puedo en Cristo que me fortalece»

El apóstol Pablo sintetiza esta idea con una afirmación que ha inspirado a millones de creyentes, en especial en la vejez: «Todo lo puedo en Cristo que me fortalece». No es casualidad que esta frase cierre todo el pasaje del contentamiento. Viene a ser el broche de oro.

Ahora bien, necesitamos entender correctamente este versículo; de lo contrario puede frustrarnos más que ayudarnos. Observemos que no dice «puedo *hacer* todas las cosas…». Estar en Cristo, la fe, no nos convierte en pequeños dioses. Cuidado con las fantasías de omnipotencia no solo cuando somos jóvenes sino también en la vejez.

El texto dice literalmente «puedo todas las cosas». En otras palabras, puedo ser más fuerte que cualquier situación, puedo sobreponerme a todas las circunstancias porque Cristo me fortalece. Ni las limitaciones, ni el deterioro progresivo que lleva a la dependencia, ni las pérdidas más dolorosas, ninguna oscuridad propia del invierno de la vida me puede derrotar porque «Cristo me hace fuerte».

«Baste a cada día su pequeña meta»

Ilusión, renovación interior y nuevas fuerzas, ya disponemos de un excelente *equipaje* para afrontar el día. ¿Cómo vamos a aprovechar entonces estos recursos? Una de las mejores maneras de convertir la ilusión en realidad es mediante pequeños proyectos, fijarnos **micro objetivos**. No olvidemos aquí el GPS, el «triángulo de la vida»: estos pequeños proyectos no son necesariamente de hacer *cosas*, sino de *ser y estar con*, como veremos enseguida.

Ponte pequeñas metas para cada día. Queremos enfatizar estas dos palabras: *pequeñas* y *cada día*. Es mejor ponerse una meta pequeña y cumplirla que una grande y fracasar. Además, es suficiente –y aconsejable– que este ejercicio lo hagas cada día y solo para aquel día. Las grandes ambiciones suelen acabar en grandes fracasos. Podríamos parafrasear aquí el consejo del Señor Jesús y decir: «Baste a cada día su pequeña meta». Al igual que en la infancia, en la vejez se anda a base de pequeños pasos, no de grandes zancadas. Pretender lo contrario es arriesgarse a caer.

Los estímulos, la gimnasia de la mente

Una vez nos hemos puesto estas pequeñas metas, necesitamos estímulos para cumplirlas. Los estímulos le son a la mente lo que la gimnasia al cuerpo. Esto es especialmente cierto en la persona mayor; los estímulos juegan un papel clave porque la tendencia natural en la vejez es a la pasividad y al conformismo.

¿Qué tipo de estímulos son los mejores? Es difícil generalizar porque depende de muchos factores: el carácter, el temperamento, las circunstancias, la edad hacen de los estímulos algo muy personal. Somos distintos y vivimos en situaciones distintas, por ello cada uno ha de buscar qué cosas le ayudan a «moverse» –la motivación– y a cumplir con las pequeñas metas diarias.

La soledad, el peor enemigo; la compañía, la mejor terapia

Hay un estímulo aplicable a todos porque es una necesidad universal: las relaciones. Relacionarnos nos hace sentir personas. *Dios nos creó para vivir eternamente y para relacionarnos armónicamente.*

El pecado estropeó este plan original, pero no anuló ni la sed de eternidad ni el anhelo de relación con el prójimo.

Necesitamos las relaciones porque «no es bueno que el hombre esté solo» (Gn. 2:18). ¡Así de sencillo y de complicado a la vez! La soledad, mala a todas las edades, es el peor enemigo de la persona mayor. La prestigiosa revista médica *Lancet* ha publicado un reciente estudio sobre los factores de prevención de la demencia con una conclusión descollante: el aislamiento social es un factor de riesgo importante para la demencia. Cuanto más solos, más posibilidades de enfermar.

Sentirse acompañado alivia mucho el peso de las cargas de la vejez, que no son pocas. Todos hemos experimentado que una carga compartida pesa la mitad y una carga a solas pesa el doble. En el dolor, en la enfermedad, en los disgustos, en las penurias económicas, la compañía nos transmite afecto y apoyo. Es justo lo que más necesitamos al atravesar cualquier valle oscuro. David, aunque no era anciano cuando escribió el impresionante Salmo 23, conocía muy bien esta necesidad: «Cuando ande en valle de sombra de muerte, tú estarás conmigo; tu vara y tu cayado me infundirán aliento».

El valor terapéutico de las relaciones es tan grande que los profesionales de la salud mental afirman que la **conversación es el mejor tratamiento para la depresión en el anciano.** Después de muchos años de ejercicio profesional como psiquiatra puedo dar fe de que esto es cierto.

«Mirad cuán bueno y delicioso es...»: una compañía muy especial

Dentro de las relaciones hay una que es distintiva del cristiano: **la comunión fraternal**. Estar con la familia de la fe –los hermanos y hermanas de la iglesia– es un privilegio único porque nos aporta un tipo de amor –el amor fraternal (*filadelfos*)– que es exclusivo de la comunidad cristiana. No hay ningún otro grupo humano que pueda generar este tipo de amor porque es resultado de la comunión cristiana y esta gira alrededor de Cristo. La comunidad cristiana, la iglesia local, juega un papel clave en la calidad de vida del anciano porque es un estímulo espiritual, por supuesto, pero también emocional y social.

Tan agradable es el privilegio de la comunión fraternal que el salmista lo describe como «bueno y delicioso», algo parecido al placer de una buena comida: «Mirad cuán bueno y delicioso es habitar los hermanos juntos en armonía! Es como el buen óleo sobre la cabeza… como el rocío de Hermón» (Sal. 133:1-3).

Sus efectos se comparan al aceite y al rocío, metáforas muy sugerentes. El aceite enriquecido con especias aromáticas tenía un efecto refrescante; el rocío aporta fertilidad a la tierra. Efectos renovadores y revitalizantes. Así ocurre con la comunión fraternal.

¡Qué importante es para una persona mayor poder reunirse con sus hermanos! ¡Y cuánto bien nos hace a todos ver su fidelidad y su perseverancia! *El anciano cristiano necesita la iglesia y la iglesia necesita al anciano*. El ejemplo del apóstol Juan en Éfeso y de Carmen, la hermana centenaria en Barcelona, son solo el botón de muestra de un ejército de hombres y mujeres que han honrado al Señor y edificado la iglesia con su fidelidad a la comunidad.

El «A-B-C» del anciano feliz: alabar, bendecir, celebrar

«Enséñanos de tal modo a contar nuestros días que traigamos al corazón sabiduría». Con esta oración de Moisés iniciamos nuestra reflexión y con ella concluimos. Vivir la vejez sabiamente es nuestra meta. Pero, ¿hay alguna manera de saber si lo estoy haciendo bien, si estoy progresando adecuadamente en el viaje a «vejecia»?

Sí, la Palabra de Dios nos señala unos rasgos de carácter y unos hábitos de vida que nos sirven como *indicadores de progreso* en nuestro camino. Expresan santidad y salud a la vez y nos acercan al *concepto bíblico de felicidad* tan bien resumido en la palabra *shalom*, paz: un estado de armonía interior que se manifiesta en la relación con Dios, con los demás y con uno mismo.

Veamos primero los aspectos del carácter, estos *rasgos santos* que nos llevarán de forma natural a los *hábitos sanos*. Envejecer con ilusión, esperanza y contentamiento adorna al anciano con *gozo, paz y paciencia*. Un gozo que va más allá de la alegría, una paz que no es tranquilidad por la ausencia de problemas sino seguridad en la adversidad, y una paciencia que no es estoicismo sino fortaleza de ánimo. Ahora empezamos a entender por qué «la hermosura de los ancianos es su vejez».

Este triple fruto adorna el carácter del anciano, lo hace «hermoso», pero además le lleva de forma natural a practicar unos *hábitos sanos*. No nos estamos refiriendo a la necesidad de andar regularmente, comer equilibrado o ejercitar la mente con sudokus y sopas de letras. Por supuesto, todas las recomendaciones que nos pueda dar la medicina preventiva sobre una vida sana son bienvenidas y haremos bien en practicarlas, pero los hábitos sanos del anciano sabio van más allá de la medicina preventiva.

El gozo, la paz y la paciencia llevan de forma espontánea a practicar tres «ejercicios» que llamaremos «el A-B-C» del anciano feliz (usamos de nuevo un acrónimo, las iniciales de cada uno de ellos, para facilitar su recuerdo).

Alabar

El primer hábito se relaciona con Dios. Alabar a Dios es una expresión de gozo y de confianza. Observemos de nuevo el Salmo 71. Todo él está impregnado de alabanza; es como si el salmista no pudiera contenerse y de la abundancia de su corazón habla su boca:

> Sea llena mi boca de tu alabanza, de tu gloria todo el día. No me deseches en el tiempo de la vejez… Mas yo esperaré siempre, y te alabaré más y más. Mi boca publicará tu justicia y tus hechos de salvación todo el día, aunque no sé su número. Vendré a los hechos poderosos de Jehová el Señor; haré memoria de tu justicia, de la tuya sola.

Podemos alabar de muchas maneras, pero una de las más hermosas es cantando o escuchando música de alabanza. ¿Has oído alguna vez a un anciano, hombre o mujer, cantando de forma espontánea en casa? Yo lo he vivido con algunos de mis familiares y he de confesar que es una de las experiencias que más impacto me causaron de niño. El contraste entre su fragilidad física y la firmeza de su voz al cantar dejó una huella profunda en mi vida cristiana.

Bendecir

El segundo hábito santo y sano está relacionado con el prójimo. ¿Qué entendemos por «bendecir»? La misma palabra –*bene dicere*, hablar bien– nos lo explica. Bendecir es hablar el bien a alguien o de alguien. Es *la palabra buena que nace de pensar lo bueno*. Bendecir requiere un paso previo a modo de preparación que Pablo explica a los filipenses:

> Por lo demás, hermanos, todo lo que es verdadero, todo lo honesto, todo lo justo, todo lo puro, todo lo amable, todo lo que es de buen nombre; si hay virtud alguna, si algo digno de alabanza, en esto pensad. (Flp. 4:8)

Otra vivencia de infancia me marcó en esta línea. Mis padres tenían un pequeño cuadro colgado en casa, modesto en su forma (era de cartón duro), pero riquísimo en su contenido. Decía así:

> Una sola vez por este mundo pasaré.
> Si hay alguna palabra buena que yo pueda pronunciar,
> alguna noble acción que yo pueda efectuar,
> diga yo esa palabra, haga yo esa acción.
> Pues no pasaré más por aquí.

Celebrar

Finalmente, el tercer hábito que revela una vejez feliz, una vejez con *shalom*, está relacionado con nosotros mismos. Si la alabanza va dirigida a Dios y la bendición busca al prójimo, celebrar es algo para disfrutar tú mismo.

«Dios nos ha dado todas las cosas en abundancia para que las disfrutemos», le dice Pablo a Timoteo (1 Ti. 6:17 b). Celebrar no es un invento humano, es una idea divina. El espíritu de celebración estaba muy presente en el pueblo de Israel. Sus fiestas fueron instituidas por Dios y el mismo Señor Jesús las respetó. Podríamos hablar de un *hedonismo bueno*, un disfrute legítimo y saludable.

La celebración es inseparable de la gratitud. Procura descubrir cada día un motivo de alegría, algo por lo que dar gracias, y disfrútalo. Uno de los ejercicios más saludables que podemos realizar, a todas las edades, es celebrar y dar gracias por las bendiciones grandes y pequeñas que Dios nos da diariamente. Sin darnos cuenta, estaremos aportando a nuestra vida un espíritu de fiesta.

La práctica regular de estos hábitos dará vida a nuestros años, pero también años a nuestra vida. Un reciente estudio realizado por la prestigiosa universidad de Harvard ha mostrado una estrecha relación entre la gratitud y la longevidad. El estudio concluye que la persona agradecida y que da gracias vive más y vive mejor. No nos sorprende; la ciencia ha demostrado de forma empírica lo que la Biblia nos enseña desde el principio: la persona que vive en paz con Dios tiene paz consigo misma y con los demás.

Epílogo

Solos no podemos:
la gracia de Cristo nos capacita

Llegamos al final y alguien puede poner una palabra de objeción: «Eres un idealista. Esto es muy difícil, es una utopía inalcanzable». Y tiene razón, pero yo todavía voy más lejos: no es que sea difícil, ¡es imposible! Es imposible porque no estamos hablando de algo natural, fruto del esfuerzo y del aprendizaje, sino de algo sobrenatural que requiere recursos sobrenaturales.

No es casualidad que el gozo, la paz y la paciencia que honran y hacen hermoso al anciano se correspondan con las tres partes iniciales del fruto del Espíritu después del amor. *Envejecer sabiamente no es un proceso de autoayuda.* Dios hace «hermoso al anciano» por la obra transformadora del Espíritu Santo, «la buena obra que un día empezó en nosotros y que acabará en el día de Jesucristo» (Flp. 1:6).

Por ello, aprender a vivir la vejez requiere no solo el manejo diestro de las tres herramientas, sino sobre todo el aprender a descansar en la herramienta por excelencia, la gracia transformadora de Cristo. El rico análisis que Stuart Park ha hecho de las vidas de Jacob, David y Job nos muestra esta realidad de forma fehaciente. *La gracia de Dios en Cristo es el hilo conductor y sustentador de toda nuestra vida*. Pablo lo resume en una declaración memorable donde la humildad, la gratitud y la alabanza se combinan a partes iguales: «Por la gracia de Dios soy lo que soy».

La gracia de Cristo nos hace fuertes en la debilidad y nos permite afirmar con plena convicción: «Cuando soy débil, entonces soy fuerte... por tanto me gloriaré más bien en mi debilidad para que repose sobre mí el poder de Cristo» (2 Co. 12:7-10).

Descansamos confiados sabiendo que nada ocurre en nuestra vida por azar. El Dios Todopoderoso, Señor del universo, es también el Dios personal que me conoce, me cuida y controla todas las circunstancias de mi vida. Las llaves de la vida y de la muerte están en las manos de Aquel que venció a la muerte, Cristo.

Por todo ello cantamos:

> Descanso en ti, mi defensor y escudo.
> Pues en la lid contigo a salvo estoy.
> En tu poder a combatir acudo.
> Descanso en ti y en tu nombre voy.

> Por fe yo voy, sintiendo mi flaqueza.
> Pues en tu gracia apoyado estoy.
> En tu poder está mi fortaleza.
> Descanso en ti y en tu nombre voy.

Descansaré contigo al fin en gloria.
Entrando por portales de esplendor.
Tuya es la lucha, tuya la victoria.
Y la alabanza a ti será Señor.

Pablo Martínez Vila
Los Naranjos, mayo de 2024

andamio

Libros para tu vida

La **misión** de Andamio es publicar y difundir literatura que, desde una perspectiva bíblica, contribuya al desarrollo integral de la persona, la iglesia y a la transformación de la sociedad.

Somos la editorial de los **Grupos Bíblicos Unidos** (GBU) y nacimos en 1987. Los GBU iniciaron su camino en el mundo de la literatura cuando un grupo de estudiantes universitarios puso en marcha (1974) una revista muy sencilla a nivel de producción, pero muy rica en contenidos. Desde ese comienzo un tanto "inesperado", con pocos recursos pero con muchas ganas, hemos ido creciendo hasta el día de hoy.

Andamio ha sido y es el resultado del trabajo y **colaboración de muchas personas**, unido a la **ayuda de Dios** a lo largo de todo este camino.

portafolioandamio.com
andamioeditorial.com

www.edicionescaminoviejo.com

Ediciones Camino Viejo nació en el año 2009
con la vocación de publicar textos sobre temas
relacionados con la literatura bíblica, desde una
perspectiva creativa y original.

**PENSAMIENTO
CRISTIANO**

www.pensamientocristiano.com
info@pensamientocristiano.com

Pensamiento Cristiano es el ministerio de
testimonio evangélico del reconocido pastor
D. José M. Martínez y su hijo, el Dr. Pablo Martínez
Vila. Mediante la página web y la sección editorial
publica las obras literarias de sus autores, a través
de las cuales fluye su pensamiento evangélico
sobre cuestiones teológicas, psicológicas, éticas
y de estudio bíblico con aplicaciones prácticas a
problemas actuales.

COLOFÓN

andamio editorial

Carrer del Príncep d'Astúries, n.º 4
08918 Badalona. España
Tel. (+34) 93 432 25 23

libros@andamioeditorial.com
www.andamioeditorial.com

Andamio es la editorial de los Grupos Bíblicos Unidos en España, que a su vez es miembro del movimiento estudiantil evangélico a nivel internacional (IFES), cuya misión es hacer discípulos y promover el testimonio de Jesús en los institutos, universidades y centros de trabajo.

www.unajubilacioninusual.es

Reinicia es una iniciativa de los Grupos Bíblicos Graduados (GBG) que quiere equipar a los recién jubilados y a los que están próximos a la jubilación para afrontar esta nueva etapa de la vida con la certeza de que en ella también pueden florecer y dar mucho fruto.

CORRECCIÓN
Miguel Llop

DISEÑO DE CUBIERTA
Óscar del Amo (www.oscardelamo.com)

IMAGEN DE PORTADA
Las cuatro estaciones del naranjo
Acuarela y tinta sobre papel
Anna Kuś Park (www.annakuspark.com)

MAQUETACIÓN
Andressa Rosa de Oliveira

DEPÓSITO LEGAL
B. 21966-2024

ISBN
978-84-10166-55-4

IMPRESO EN ULZAMA
IMPRESO EN ESPAÑA

Vivir la vejez
Stuart Park y Pablo Martínez Vila, 2024

© ANDAMIO EDITORIAL, 2024
1.ª EDICIÓN NOVIEMBRE 2024

144 PÁGINAS PARA SEGUIR
DESARROLLANDO TU VIDA
CON OTRO LIBRO ANDAMIO